新课程怎么教丛书

XINKECHENG
DILI
ZENMEJIAO

新课程地理怎么教

怎样才能很好地适应新课程？怎样才能在新课程教学过程中给学生营造一个良好的氛围，建立平等、民主、信任的新型师生关系？怎样才能引导学生的情感处于积极的、自由的、宽松的心理状态，能自主的参与数学课堂学习？使课堂气氛活跃？我认为要解决这些问题就需要自身不断去积累，不断去学习探究。下面就《新课程怎么教》谈谈自己在学习中的一点体会。

杨 敏　本书编写组◎编著

Xinkecheng
Zenmejiao
Congshu

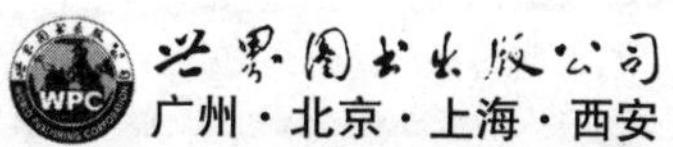

图书在版编目（CIP）数据

新课程地理怎么教 /《新课程地理怎么教》编写组编. — 广州：世界图书出版广东有限公司，2011.8（2024.2 重印）

ISBN 978 - 7 - 5100 - 3800 - 6

Ⅰ. ①新… Ⅱ. ①新… Ⅲ. ①中学地理课 - 中学 - 教学参考资料 Ⅳ. ①G633.553

中国版本图书馆 CIP 数据核字（2011）第 151254 号

书　　名	新课程地理怎么教 XIN KE CHENG DI LI ZEN ME JIAO
编　　者	《新课程地理怎么教》编写组
责任编辑	冯彦庄
装帧设计	三棵树设计工作组
出版发行	世界图书出版有限公司　世界图书出版广东有限公司
地　　址	广州市海珠区新港西路大江冲 25 号
邮　　编	510300
电　　话	020-84452179
网　　址	http://www.gdst.com.cn
邮　　箱	wpc_gdst@163.com
经　　销	新华书店
印　　刷	唐山富达印务有限公司
开　　本	787mm×1092mm　1/16
印　　张	12
字　　数	160 千字
版　　次	2011 年 8 月第 1 版　2024 年 2 月第 3 次印刷
国际书号	ISBN　978-7-5100-3800-6
定　　价	59.80 元

本册编委

主　编

刘路一

编　委

张士金　张英杰　曲　璞　张　麟

序 言

新课程改革是进入新世纪以后影响我国教育的一件大事，它正在逐渐走进中小学的课堂，重新规范中小学教师的一系列观念、行为。在新课程实施中，有的教师将课程单纯视为教学内容的变革和教材调整，认为只要把新的知识结构教给学生就完成了新课程赋予的使命；有的教师将新课程的实施单纯视作课堂教学方法的重新调整，认为只要教学上体现出新课程的要求就可以了；还有的教师将课堂上学生的参与当作新课程实施的典型体现，认为只要在课堂上和学生互动了，新课程的要求也就实现了……凡此种种，都反映出一些教师对新课程改革认识上的偏颇，导致的结果是课堂并没有真正活起来、动起来，学生的学习方式并没有得到真正的改变，学生的生活世界并没有真正受到关注，学生的生命价值并没有得到真正的体现。

其实，新课程改革不是换一套教科书，而是教育领域一次深层次的彻底革命。这场以转变教学理念为先导，以课堂教学改革为核心，以提高教师素质为突破口，以转变教学方式为手段，以“一切为了学生发展”为目标的全面改革，旨在通过培养学生的创新精神和实践能力，全面推进和实施素质教育。新课程改革将改变学生的学习生活，也将改变老师的工作方式、生活方式乃至生存方式。老师的角色已变成学生学习的促进者、引导者、教育教学的研究者、课程和开发者和创建者。所以说，新课程对广大教师来说，既是机遇，又是挑战，教师能不能明确意识到自己面临的机遇和挑战，能不能做出积极的回应和改变，能不能尽快走进新课程，是新课程能不能顺利实施的根本保证。

基于此，我们特别组织了国内新课程实验区示范学校的核心专家和一线教师编写了“新课程怎么教”丛书。这套丛书以初中新课程标准为主，旨在为中学教师实施新课程提供一个创造性的平台，引导教师把新课程的理念落实到每一个教学活动中、落实到每一个学生的身上；帮助教师根据教学目标设计各具特色的教学活动；为教师提供丰富的课程资源；为教师科学地运用评价功能，提出多元的方法和可操作性的建议。丛书具有以下显著特点：

一是理念新。课程改革，首先是更新教育教学理念的问题。理念新了，以理念为基础形成的教学方法及其体系才能适应新课程的要求。那么，新课程是建构在哪些新理念之上呢？这些新理念与传统的教育教学理念有什么关系呢？教学实践中，我们又要怎样贯彻落实这些理念呢？本套丛书以现代教学理论为基础，结合实验区教学实践通俗易懂地回答了上述问题。

二是内容新。它与新课程实验息息相通，采集援引了大量的新课程实验区的鲜活的教学案例，这些案例用最生动的材料记录了在实验一线的教师的思考，尤其是教学过程实施的具体方式，是一份很难得的关于中国基础教育课程改革的参考文档。

总之，本套丛书既是新课程的理论探索和实践操作的高度融合；又是教育科学性与艺术性的高度统一；更是全国各实验区教师对新课程探索实践的智慧结晶，具有全面、系统、通俗、实用、操作性强之特点。

当然，由于时间仓促，以及理论研究本身的不足，这套供广大中学教师使用的丛书难免存在谬误之处，敬请学界同行和广大教师批评指正，以便我们不断修订完善。

最后，让我们共同期待“新课程怎么教”丛书，对广大教师理解新课程，走进新课程，提高教学水平发挥出积极作用！新课程需要我们共同学习，不断探索，勇于创新实践，才能不断完善！

目录 CONTENTS

CONTENTS 

引　言

走进新课程，学有用的地理

在全面推进素质教育、科教兴国的背景下，我国基础教育改革呼之欲出。课程在学校教育中处于核心地位，教育的目标、价值主要通过课程来体现和实施，因此，课程改革是教育改革的核心内容。

一、新课程与旧课程究竟有什么不同?

核心是教育理念的不同，新课程以提高国民素质为宗旨，以学生发展为本，更强调人格的培养和生存能力的培养。

新的基础教育课程体系，以培养创新精神和实践能力为重点，强调课程要促进每个学生身心健康发展，培养良好品德，强调基础教育要满足每个学生终生发展的需要，培养学生终身学习的愿望和能力。

二、课程改革要改变什么?

改变原有的教材内容、教材形式，改变原有的教学方式，改变原有的评价功能等，使师生角色发生变化，教师不再是简单的知识传授者，学生成为学习的主人，教师将扮演学习的引领者、组织者和合作者。

基础教育改革的目标是：

(1) 改变课程过于注重知识传授的影响，强调形成积极主动的学习态度，使获得基础知识与基本技能的过程同时成为学会学习和形成正确价值观的过程。

(2) 改变课程结构过于强调学科本位的状况，使课程结构具有均衡性、综合性、选择性。

(3) 改变课程内容繁、难、偏、旧和偏重书本知识的现状，加强课程内容与学生生活以及现代社会科技发展的联系，关注学生的学习兴趣和经验，精选终身学习必备的基础知识和技能。

(4) 改变课程实施过于强调接受学习、死记硬背、机械训练的状况，倡导学生主动参与、乐于探究、勤于动手，培养学生搜集和处理信息的能力、获取新知识的能力、分析和解决问题的能力，以及交流与合作的能力。

(5) 改变课程评价过分强调评价的甄别与选拔功能，发挥评价促进学生发展、教师提高和改进教学实践的功能。

(6) 改变课程管理过于集中的状况，实行国家、地方、学校三级课程管理，增强课程对地方、学校及学生的适应性。

三、课程改革的核心任务是什么?

新课程改革的核心任务是改变学生的学习方式。

新课程要改变“师讲生受”的传统方法，倡导教师创设能够引导学生主动参与的教育活动，营造师生互动、生生互动的交互学习方式；鼓励学生向教师质疑，与教师进行平等的对话与交流；倡导学生之间为促进学习而进行的各种讨论，改变过分注重记忆、被动模仿的学习倾向，把自主探究与合作交流作为重要的学习方式。

四、新课程的学生培养目标与课程目标有什么联系?

新课程的培养目标是以“关注人的发展”为基础，培养具有世界眼光的公民。为了使新课程培养目标落实到课程中，将课程总目标分解出知识与技能、过程与方法、情感态度与价值观三个分目标。

《基础教育课程改革纲要（试行）》中指出，新课程的培养目标可以概括为“六个具有”和“一个初步形成”，强调要使学生：

(1) 具有爱国主义、集体主义精神，热爱社会主义，继承和发扬中华民族的优秀传统和革命传统；

（2）具有社会主义民主法制意识，遵守国家法律和社会公德；

（3）初步形成正确的世界观、人生观、价值观；

（4）具有社会责任感，努力为人民服务；

（5）具有初步的创新精神、实践能力、科学和人文素养以及环境意识；

（6）具有适应终身学习的基础知识、基本技能和方法；

（7）具有健康的体魄和良好的心理素质，养成健康的审美情趣和生活方式，成为有理想、有道德、有文化、有纪律的一代新人。

五、新课程标准与传统的教学大纲有什么区别？

新课程标准比传统的教学大纲在教学过程和结果评价中，对教师更具有指导性，更具体，更容易操作。

传统的教学大纲较多以学科体系为中心来表述学科的知识点和教学要求，对能力和教学要求往往采用“初步了解”、“理解”、“掌握”、“运用”等抽象的方式，对教师具体了解学生应达到什么程度缺乏明确的指导。新课程改革力图通过新课程标准形式，在学生知识、技能、态度、能力的发展方面具体化，从而明确制定我国基础教育各门课程的基本标准，初步建立起我国基础教育的课程标准体系。

（1）在课程目标上，要求从知识到技能、过程与方法、情感态度与价值观等多方面设计具体的课程。

（2）在课程内容上，注意密切联系学生的生活和经验以及社会、科学发展的现实，强调学生经验、学科知识和社会发展三方面内容的整合。

（3）在课程要求上，课程标准不仅仅结合知识点明确具体的结果性目标，每个学科都结合本学科的特点，明确提出了一系列过程性目标、体验性目标，以期学生在获得知识的同时学会学习，并形成正确的价值观。课程标准还对教学过程、教材编写和学生学习质量的评估明确了具体要求。

六、新课程的学习评价与传统的教学评价有什么不同？

新课程标准下的评价是给学生以自信的评价，是发现闪光点的评价；

而传统的教学评价更强调分数，更强调对学生的甄别。

以往的评价，往往在阶段或整个学习结束后，进行一次书面测验或考试，其卷面分数就代表了学生的学习结果。

新课程标准指出："学习的评价，既要关注学习结果，也要关注学习过程，以及情感、态度、行为的变化。"强调：

（1）评价功能从注重甄别与选拔转向激励、反馈与调整；

（2）评价内容从过分注重学业成绩转向注重多方面发展的潜能；

（3）评价技术从过分强调量化转向更加重视质的分析；

（4）评价主体从单一转向多元；

（5）评价角度从终结性转向过程性、发展性，更加关注学生的个别差异；

（6）评价方式更多地采取诸如观察、面谈、调查、作品展示、项目活动报告等开放的及多样化的方式，而不仅仅依靠笔试的结果，更多地关注学生的现状、潜力和发展趋势；

（7）新的评价方式力求评价指示简明，方法易行，具有可操作性。

七、地理课程改革的基本理念是什么？

学习对生活有用的地理，学习对终身发展有用的地理，改变地理学习方式，构建开放式地理课程，构建基于现代信息技术的地理课程，建立学习结果与学习过程并重的评价机制。

地理课程标准指出："地理课程要提供给学生与其生活和周围世界密切相关的地理知识，侧重基础性的地理知识和技能，增强学生的生存能力。"

"学习对生活有用的地理"，是这次地理课程改革中最强调的理念之一，它表明义务教育阶段中的地理课程将从纯粹的"科学世界"重新回到学生的"生活世界"。我们培养的学生每时每刻处在一个社会生活的环境之中，他们将来无论从事什么工作，都不可避免地会面对现实生活，都要增强生存与生活的能力。而这种能力包括认识生活、适应生活、欣赏生活、享受生活、创造生活等方面的能力。地理课程在"培养善于生活的公民”上是有所作为的，它能帮助学生认识现代社会中各种生活现象的地理原因，理解不同生活方式的地理背景，正确鉴赏各具特色的人文地理景观，增强“提高生活质量”的意识，从而学会与创造健康向上的生活。

地理课程标准指出：“反映全球变化形势，突出人口、资源、环境以及区域差异、国土整治、全球变化、可持续发展等内容。使所学内容不仅对学生现在的生活和学习有用，而且对他们的终身学习和发展有用。”

地理课程有着丰富的内涵与广阔的外延，它应该关注并能够影响学生的生命历程。促进每个孩子的终身学习与未来发展，这是时代发展的需要，也是“以学生发展为本”教育理念的充分体现。

八、什么是对生活有用的地理？

一般而言是学生身边的与学生生活密切相关的，学生具有一定生活体验的地理知识和地理技能。

在地理教学中，要充分关注“生活地理”的内容。它们包括：

（1）正确使用指南针判断方向，运用地图识别方位，估算距离，了解地形。

（2）初步学会观云识天，推测天气的变化趋势，并根据当地的气候特点与天气状况来选择生活方式，合理安排生活。

（3）能够评价生活环境质量，根据自己的需要以及个性与爱好选择居住地的区位，并能对环境采取积极态度与保护行动。

（4）对各种自然与人为灾害的发生、防御有正确认识，具有安全意识，并能基本掌握自我保护的措施。

（5）知道地方特征与就业机会的联系，以调整自己的努力方向，在求职中更有竞争力。

（6）运用地理常识看懂各种媒体的新闻报道，了解国内外重大事件的地理背景。

（7）在休闲时，知道采取什么休闲方式（如娱乐、健身、野营、旅游等），并知道怎样利用环境或选择路线来进行休闲活动。

（8）知道区位、生产和销售地的自然人文特征与投入产出之间的关

系，以及生产中的环境代价。

(9) 熟悉地域文化（语言、艺术、体育、民俗）的特色，并能了解与理解异域文化，增强人际的交往和合作。

九、如何改变地理学习方式？

首先要搞清楚为什么要改变地理学习方式，要从现实状况和理论分析两个方面探讨这一问题。

目前我国中学生的地理学习方式仍然存在以教师讲授为主、以机械记忆为主、以书本内容为主的学习方式。而现代教育理论认为，学生是地理学习的“主体”而不是“客体”。积极主动的地理学习，才是有效的地理学习。正如有人所说的那样：“你可以把马牵到河边，但你永远无法强迫马饮水。”

1. 倡导多元的地理学习方式

按功能分类：基础性、拓展性、研究性地理学习方式。

按内容分类：理论性、实践性地理学习方式。

按行为分类：自主性、互动性地理学习方式。

2. 重视地理研究性学习

研究性学习是指学生在教师指导下，从学习生活和社会生活中选择和确定研究专题，主动获得知识、应用知识、解决问题的学习方式。研究性学习的实施主要分为两种，包括课题研究类和项目活动类。

3. 遵循学生的心理发展规律

心理学告诉我们，初中学生逻辑思维开始优于直观形象思维，学生开始在较高的抽象的水平上发展他们的思维与推理能力，但直观形象思维的作用尚未减少，具体活动的经验仍然继续成为他们构建知识的重要手段。因此，地理学习材料的选取、呈现，应当较多地体现直观形象性。

初中学生的兴趣广泛而又相对地迅速变换，他们更多地关注地理学习内容中新奇、有趣的事实或现象。但也应注意到，初中学生开始有比较强烈的自我和自我发展意识，对与自己直观经验相冲突的现象，对有挑战性的任务很感兴趣。因此，既应当充分考虑到学生的实际生活背景和趣味性，又要安排诸如实地观察与调查，收集、整理、分析地理信息资料等活动，将学生置于探索者的位置，亲身体验现有知识的创造经历；既让学生感到学习地理是一件有意思的事情，又体验到学习地理的成功乐趣，提高他们运用地理知识解决现实世界中地理问题的信心和能力。因此，要改变学生地理学习方式，地理教师须注意研究与掌握学生的心理发展规律，在教学中采取适合学生的策略与模式。

十、什么是地理教学模式的开放性?

地理课程一般都是通过教学来实施的。其中，地理教学模式的运用至关重要。所谓地理教学模式是经过理论概括、赋予典型意义、能用图式表达、便于推广操作、具有开放性特征的教学范式。

地理教学模式的开放性是指在某个主导模式下的教学方法的多样性、兼容性、灵活性，也指多种模式的交叉性、互通性、变化性，包括活动的、讨论的、探究的、合作的、发现的、专题的、范例的（案例的）教学模式等，只要有利于学生学地理，都可以在课程中应用。其目的是解放学生的脑，让其自由思考；解放学生的口，让其自由讲；解放学生的手，让其自由做。

为了适应地理课程改革，胜任全日制义务教育阶段的教学工作，地理教师要特别关注地理课程改革的基本趋势，对于地理课程的实施是极其重要的。新课程标准下的地理课程表现出新的特点和趋向是：

地理课程目标——着眼使学生具有作为一个公民所必需的地理科学素养；

地理课程内容——精选对学生生活及终身发展有价值的地理内容；

地理学习方式——倡导动手实践、自主探索和合作交流；

地理学习评价——关注学生在学习过程中的变化与发展。

第一章　新课程地理的基本理念与实施

第一节　学习对生活和对终身发展有用的地理

地理新课程“基本理念”之一：“学习对生活有用的地理。地理课程要提供给学生与其生活和周围世界密切相关的地理知识，侧重基础性的地理知识和技能，增强学生的生存能力。”

地理新课程“基本理念”之二：“学习对终身发展有用的地理。反映全球变化形式，突出人口、资源、环境以及区域差异、国土整治、全球变化、可持续发展等内容。使所学内容不仅对学生现在的生活和学习有用，而且对他们的终身学习和发展有用。”

联合国教科文组织在《教育：财富蕴藏其中》一书中提出，现代教育的四个支柱是：学会认知、学会做事、学会共同生活、学会生存。生存是人基本的社会需求，发展是人基本的社会理想。新课程要求“学习对生活有用的地理”，“对终身发展有用的地理”，也就是要求地理教学要提高学生的“生存和发展能力”。

一、学习对生活有用的地理

先来看一个真实的故事：

2004年12月26日，泰国普吉岛海滨，来自英国的10岁的小女孩蒂莉和她的父母及妹妹正在海滩上尽情地玩耍，享受着温柔的阳光。

忽然，海水剧烈地倒退。蒂莉望着大海，发现海水冒起泡沫，就像啤酒表面一样，而在大海的远处突然涌现出了一波白色的巨浪，将蓝天和大海明显地隔成了两半。蒂莉警觉地意识到这就是发生海啸的征兆。蒂莉奔向父母，大声说："妈妈，海啸就要来了，我们快离开这里！我看见海滩上起了很多的泡泡，然后浪就突然打了过来。这正是地理老师曾经描述过的有关地震引发海啸的最初情形。老师还说过，从海水渐渐上涨到海啸袭来，这中间有10分钟左右的时间。"

听了女儿的话，蒂莉的父母与小蒂莉一起劝说海滩上的游客离开。最初，大家都不太相信这个小女孩的话。但看到焦急万分的小蒂莉和她的父母，游客们开始明白事情的严重性，并相互转告，迅速撤离，几分钟后游客已全部撤离沙滩。当这100多名游客跑到安全地带时，身后已传来了巨大的海浪声。这时，人们在激动和惊恐中哭泣，争相拥抱和亲吻他们的救命恩人蒂莉。

蒂莉的英勇表现如今得到了最高的肯定，英国海事学会在2005年9月特别向她颁发了奖状。面对大家的感谢和夸奖，小蒂莉谦虚地说道："我并不是英雄，我只是正好用到了地理课上学到的知识，救了自己和大家而已。"

这个故事生动地体现了新课程地理关于"学习对生活有用的地理"这一理念。相信很多老师在给同学们强调学习地理的重要性时，都会以小蒂莉为例。然而，并不是每一位地理老师都在每一节地理课上都坚持贯彻了这一理念。那么，作为一名地理老师，如何才能帮助学生学习对生活有用的地理知识呢？

让学生学习对生活有用的地理，老师的课堂教学就必须面向学生，面向生活，面向社会。当地理教师将地理课堂和学生生活世界联系起来时，

学习地理对学生来说也就不再是负担，而是一种享受。孔子说："学而时习之，不亦说乎？"这里的"习"，我们可以理解为"运用"。"学而时习之"，就是学习知识，运用知识。学生要能够运用所学的知识，那么这些知识必然和他们生活密切相关。因此，新课程的地理课堂，首先要由科学世界回归到生活世界。

"与同学们谈地理"教学片断

师：提到"地理"这个词，大家会联想到什么内容呢？给同学们两分钟的时间，请把你想到的内容写在卡片上。

（两分钟后）

生：我想到了各地气温。

师：能不能再详细地说一说呢？

生：不同地方的气温是不一样的，有的地方冷，有的地方热。

师：嗯。非常好！今天（9月3日）下午，玉树的小朋友们就要来到咱们学校（天津耀华滨海学校）了。你知道现在玉树的气温和天津相比，气温有什么不一样吗？

生（思考片刻）：不知道。

师：请坐！其他同学有知道的吗？

生：玉树气温比咱这低，而且早晚温差大。

师：为什么呢？

生：因为那儿是高原，海拔高。（之前全体师生都看过玉树的相关资料）

师：非常好！希望以后咱们学习地理之后，能够练就一双"地理眼"，去观察生活，观察社会。下午，当玉树的小朋友到达咱们学校的时候，志愿者们除了帮助他们之外，再观察一下他们和咱们有什么不一样的地方，好不好？

生：好！

（天津耀华滨海学校　张士金老师）

【点评】

这位老师从学生熟悉的生活经历、所见所闻入手，引导、启发学生思考，激发了学生学习地理的热情，也能让学生感受到地理与生活密切相关。而且这位老师没有纠缠于为什么海拔高气温低温差大等地理问题，而是重点去引导学生去观察藏族的小朋友和自己生活习俗有什么差别。因为，只有学生先发现了问题，亲自感受到了差异，才有进一步探索的欲望。

“多变的天气”教学片断

（全班分为三个组，第一组同学在讲台上举起准备好的一组天气符号，第二组同学根据天气符号模拟播报天气状况，第三组同学从讲台前物品箱中挑选相应的衣着服饰并进行打扮，台下的其他同学对他们的表演进行评判。）

生：不对，不对，李佳举的是“多云”和“晴天”两个天气符号，张露报的是“晴转多云”，报反了！

生：对，应该是“多云转晴”！

生：哈哈，大家看，王皓挑了件棉衣，他不会是发烧怕冷吧？

生：老师，您看34度的晴天，应该选择薄的短袖T恤或衬衫才对呀！

生：如此高的温度，光照应该很强，要注意防晒才对！我觉得应该尽量减少户外活动！

生：户外活动时要抹防晒霜或戴上防晒伞。

生：噢，王皓又穿错了！热天怎么能穿深色的衣服呢？应该换成浅色的。

生：对，没错！

……

师：同学们，这节天气知识的学习，对我们在今后的生活中有何帮助呢？你们能根据所掌握的天气预报给家人什么帮助吗？你们自己回去思考一下，争取做个生活中的有心人！

（课堂背后：初一年级家长会后，一些家长找到王旭老师，说："从前几天开始，孩子放学回家后，特别注意收看电视里的天气预报节目。第二天一早出门前，不住地提醒我们多加件衣服、带上雨伞、穿防滑鞋等。看，孩子变了！"）

（北京师范大学实验中学　王旭老师）

【点评】

本节课围绕孩子的生活世界，关注学生的健康成长，关注家庭生活，激发了学生的学习热情，并且在对孩子进行情感、态度、价值观的教育中达到了"润物细无声"的境界，教学效果非常突出。

中学生尤其是初中年级的学生，更适宜接受以感性材料为主的地理内容。因此，好的地理课必须首先从学生的生活经验和现在的知识背景出发，进而挖掘地理因素。

其次，教师还要让学生运用地理知识解决生活中的实际问题，培养学生的地理意识、地理技能及正确的情感、态度、价值观等。还有，学生生活在社会之中，并最终走上社会。让学生了解社会的发展状况，了解科技发展状况，对他们的现在和将来都是极其重要的。

总之，对于新课程，地理教师首先要关注地理对于学生生活的作用。所以，老师首先必须关注生活，热爱生活，发现生活的地理因素，通过各种教学途径（包括模拟生活的实践活动），使学生感受到地理的优越性，体会到地理和生活的关系，体会到地理的真正价值，培养学生参与社会生活的能力。

二、学习对终身发展有用的地理

先来看一位地理老师的困惑：

有一天，一个学生问我："我国十大风景名胜分别是哪里?"我说："十大风景名胜的评选，是20世纪80年代进行的，早过时了，没必要知道。"学生说："可咱们的辅导书上有好几道题都涉及到这个问题。"说着，翻开书给我看。顿时我汗颜无比。幸好，我是接受旧课程地理教育的，十大风景名胜地我至今依然铭记于心。被学生"逼"到这个境地，我只好把1985年9月9日咱们国家评选的十大风景名胜地一一告诉学生：万里长城、桂林山水、杭州西湖、北京故宫、苏州园林、安徽黄山、长江三峡、台湾日月潭、承德避暑山庄、秦陵兵马俑。学生听完之后，满意地走了，而我则陷入了沉思。

我不明白，为什么有的教学专家在编写教辅书时还提及"十大旅游胜地"呢？这对学生的发展有什么意义吗？我不否认20年前评选结果的权威性，我也承认当时入选的风景名胜都具有很高的游览价值。但我认为，今天的国人和20多年前相比，其审美观和知识视野已发生了很大的变化，一些风景名胜在今天看来未必能够入选。

我不禁想起中国国家地理杂志社曾组织众多专家学者对中国进行"选美"，列出了"中国最美的地方排行榜"。在这次选美中，有三大特点：一是颠覆传统，名山名湖纷纷落马；二是推进审美，冰川雅丹进入视野；三是关注西部，边缘文化大放异彩。《中国国家地理·"选美中国"专辑》出版时，我还是一名在校的大学生。这个专辑当时给我带来了很大的震撼，以致我时隔多年仍然对其记忆犹新。

忽然，我灵光一闪，有一个大胆的想法：以《中国国家地理·"选美中国"专辑》所提供"'选美中国'排行榜榜上景观分布示意图"和"117处国家级风景名胜区分布图"（下图）为参照，让学生们从中分析评选出的两类景观分布的差异及造成差异的原因。结果，这节课上每个学生都很兴奋，纷纷表达自己的

观点，有的同学甚至表示一定要走遍中国“最美的地方”。

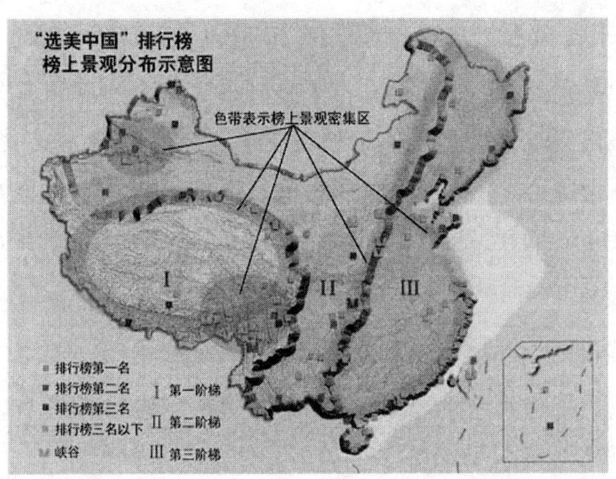

也许不少地理老师会面临和案例中地理老师相同的困惑。其实，在地理课上，我们老师没有必要向学生们灌输“十大风景名胜”等这些早已“过时”的地理知识。因为，这些知识既不能有效地指导学生的现实生活，更不能对他们的发展有什么实际的促进作用。现在，科学技术飞速发展，地理科学正发生着日新月异的变化，学术成果不断涌现。面对“知识爆炸”的挑战，新课程要促进每个学生身心健康发展，培养良好品德，培养终身学习的愿望和能力，处理好知识、能力、态度、价值观的关系，处理好现代社会科技进步与学生发展的关系，所以要克服过分强调学科体系和注重知识传承的倾向。作为地理老师，眼光不能局限在教材上，而要用发展的眼光看待地理科学的发展，同时要了解一些其他学科知识，这样才能站在一个

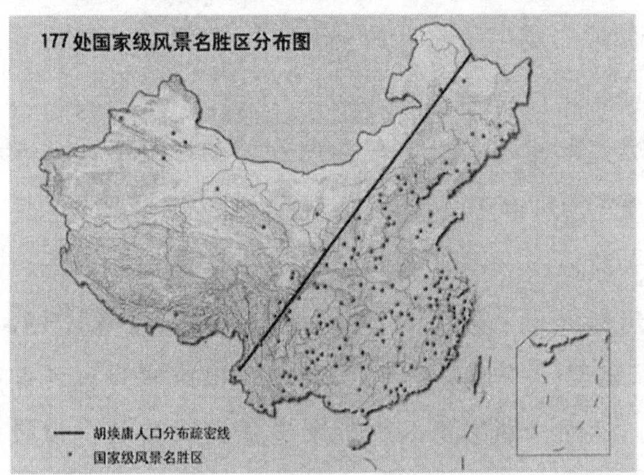

较高的支点上，才能使学生在课堂学到对其终身发展有用的地理知识。

我们之所以强调选择、学习对终身发展有用的地理，是因为地理学习与学生终身发展有密切关系。除了生活方面（应该说对生活有用的地理也必然是对终身发展有用的地理），地理对于终身发展的作用还表现在：①获得可发展的地理基础知识和技能；②学会地理思维；③培养地理科学研究能力；④形成环境伦理观念 ；⑤培养全球意识和爱国情感；⑥养成良好的人文精神与审美情趣。

“美国”教学片断

（一节关于美国种族歧视活动练习的教学片断）

师：同学们，我们一起看看问题2，谈谈感想。

生：美国国内的种族问题十分严重，还老指责别的国家的人权问题。例如黑人的贫困率和失业率都很高，地位低下。

生：不见得吧！我知道的黑人就挺有地位的。“大鲨鱼”奥尼尔、“飞人”乔丹、拳击王泰森不就生活得很好吗？

（全班哗然）

生：是呀，在美国不少文体明星进入上层名流社会，金钱、别墅、名车应有尽有。

生：同学们，我们历史书上已经给出了正确的答案。大家看看图像吧，美国的黑人是从非洲当做奴隶贩卖到这里的，一路上受尽折磨，患上疾病的、死亡的黑奴被无情地抛进大西洋。到达目的地后，立刻被逼从事采矿和种植园的苦役。这样的艰辛过程中能够生存下来的黑奴，身体特别强壮，一定就是当今黑人体育明星的祖先。

生：另外，不能认为少数黑人文体明星过着富裕的生活，就代表大多数黑人在美国地位很高，与白人平等。

生：平时我们经常从媒体上看到黑人受到的不公正的待遇。

……

（北京师范大学实验中学 王旭老师）

【点评】

尽管王旭老师后来认为他对这部分内容没有认真备课，以至学生乙、丙发表看法时他“呆呆地站在讲台上，不知如何是好”。但是，这节生动的教学课例给予我们太多的启示：老师应该更多地给予学生展示其思维过程的空间，展示其错误的思维过程、正确的思维过程及超越教师的思维过程，这样才能促进学生的发展。在这节课上，学生的发展不仅体现在他知道了“美国种族歧视现状”，更重要的是锻炼了地理思维方式和综合分析地理问题的能力。

课例4

“撒哈拉以南的非洲”教学片断

师：同学们，请大家再次发挥集体的智慧，看看有哪些办法可以解决人口、粮食与环境三个问题所形成的怪圈，从而促进本区社会经济的发展。

生：应该实行计划生育政策，减少人口。

生：不对，不是减少人口，而是降低人口增长速度，同时还应该不断发展教育，提高人口素质。

生：减少经济作物的种植面积，扩大粮食作物的种植规模。

生：发达国家要给予援助。

生：建立自然保护区，保护草原，这样还可以发展旅游业。

生：老师，非洲既然那么穷，为什么不多印一些钞票呢?

（全班顿时安静下来，都静静看着老师）

师（诧异，刚想解释，但转念又把问题抛给了学生）：同学们，你们说这条建议好不好?

生：这样不可以吧？如果这样可以的话，我们父母就不用工作就会有很多的钱，我们也不用学习了。

（全班顿时哄堂大笑）

生：要发展自己的工业，这样才能赚更多的钱，有钱了才能进口粮食。

生：社会要保持安定，减少动乱。

……

师：刚才同学们都对这个问题进行了积极的思考，请同学们把这些建议进行归纳概括。

师：看来大家给撒哈拉以南的非洲提出的是一条可持续发展的道路。我们希望，撒哈拉以南的非洲能够走上可持续发展的道路，社会经济得到快速发展，那儿的人民越来越幸福。

（天津耀华滨海学校　张士金老师）

【点评】

本课例中，当学生们在积极思考问题时，他们自我意识中已不是一个十三四岁的普通学生，而是一个对世界有着独立见解的独立个体。尽管他们的建议不成系统，有的还很幼稚，但这个教学过程直接影响着学生今后的发展和成长。教师积极鼓励学生尽情自由地发表见解，同学们能够亲自感受到成功的喜悦。对于那位同学提出看似很幼稚的建议，老师没有直接给出解释，而是让学生去思考，避免了抽象的经济学分析。本课例不仅让学生明确了可持续发展的基本理念，同时还让学生树立了对世界的一种责任和使命。

关于新课程提倡的“有用的地理知识”，有的学者还认为其内涵还应该包括“对社会和谐发展有用”和“对地理学科发展有用”。笔者认为，这种认识也是非常合理而且必要的。

总之，新课程的核心理念是为了每一位学生的发展。任何学科的教学都要以人的发展为出发点和归宿点。地理学科在能力发展方面，要致力于使学生形成从地方、区域及至全球视野看待世界各种事物和现象的意识，形成特殊的思维品质、思辨能力和创造素质。地理课程要培养对今日和未来世界负责的公民，为学生的终身发展奠基。

第二节　改变地理学习方式

地理新课程“基本理念”之三：“改变地理学习方式，具体说来就是要根据学生的心理发展规律，联系实际安排教学内容，引导学生从现实生活的经历和体验出发，激发学生对地理问题的兴趣，培养地理学习能力，鼓励积极探究，使学生了解地理知识的功能与价值，形成主动学习的态度。”

转变学生的学习方式，并非彻底抛弃传统的学习方式，而是向多样化的学习方式转变。但是，转变地理学习方式的根本目的是培养学生主动学习地理的习惯。

华中师范大学附属中学龙泉老师（苦墨斋主）有一篇博文：《两张让我沉思很久的照片》。一张是2006年9月教师节，新华社发的温家宝总理在北京一所小学听课的照片（下左图）；另一张是2009年9月，还是教师节，还是新华社发的温家宝总理在北京一所高中听课的照片（下右图）。

对于温总理在小学听课的照片，龙泉老师写道：“看看孩子那自信的神态！看看孩子那天真无邪的目光！看看孩子那争相抢答的场面！看看温总理可爱的表情……”而对于在高中听课的那张照片，龙老师有这样的感慨：“再看看孩子的神态！再看看孩子的目光！再看看那么多的眼镜！再看看这课堂的场面！再看看温总理的表情……”最后，龙老师这样质问：“作为教师！作为家长！我们都对孩子干了些什么?”这两张照片从一个侧面反映了中国学生的好奇心逐渐丧失、求知欲逐渐下降的变化过程。

好奇心是人们希望自己能知道或了解更多事物的不满足心态。求知欲是人类的一种内在的精神需要——认知的需要。可见，好奇心和求知欲同属对事物的探究倾向。前苏联教育家苏霍姆林斯基说：“求知欲，好奇心——这是人的永恒的、不可改变的特性。哪里没有求知欲，哪里便没有学校。”一言以蔽之，学生主动学习的前提是他喜欢做，乐于做。从老师教学的角度看，这个问题的关键就在于如何激发学生的学习兴趣，就是激发学生的好奇心和求知欲。苏霍姆林斯基还说过：“人的内心里有一种根深蒂固的需要——总想感到自己是发现者、研究者、探寻者。在儿童的精神世界中，这种需求特别强烈。但如果不向这种需求提供养料，即不积极接触事实和现象，缺乏认识的乐趣，这种需求就会逐渐消失，求知兴趣也与之一道熄灭。”因此，解决学生不爱学习的重要途径之一就是要转变学习方式：化被动学习为主动学习。

由于目前课程设置的问题，地理在学校普遍被当做一门“副科”来看待，这客观上加重了学生不重视地理学习的程度。即便对于高中的文科学生来说，地理是一门“主科”，但学习也主要是为了应付高考。因此，爱学习地理的学生真是少之又少。

可地理教师不能把这个责任全部推卸掉，而应该想尽各种办法，提高学生学习地理的兴趣。经验证明：教师表现出来的强烈的求知欲，会对学生发生潜移默化的作用——助长学生求知欲的发展。因此，地理老师决不能把地理当作“副科”来对待，要重视地理教学的价值和功能，把地理教学当做一门科学和艺术来对待。

现在，制约地理教学这门科学和艺术的发展的瓶颈之一就是地理学习方式的转变。现在，新课程倡导的几种学习方式主要有：自主学习、探究学习、合作学习等。

一、自主学习

自主学习是指在教师的指导下，学生根据自身条件和需要制定并完成具体学习目标的学习方式，它是一种发挥学生自主性和创造性的学习方式。

自主学习方式突出学生的“主人意识”、“参与意识”和“主动意识”，通俗地讲，就是学生“乐学”、“能学”、“会学”、“坚持学”。那么，地理老师如何引导学生进行自主学习呢?

1. 激发学生自主学习的兴趣——使学生“乐学”

兴趣是自主学习的主要动力。教学的艺术不在传授本领，而在于激励、唤醒和鼓舞。教师要根据不同学生的年龄特点、知识经验、认知规律等方面，抓住学生思维活动的热点和焦点，为学生提供丰富的材料，从学生生活中喜闻乐见的实情、实物入手，创设生动、有趣的情景，激发学生的自主学习的欲望，唤起学生的学习兴趣。

比如，“等高线地形图”这部分内容，山顶、山脊、山谷、鞍部、陡坡、缓坡等的判读让很多学生头晕不已。但有的老师在拳头上画上等高线（右图)，把手伸开就是平面的等高线图，握住拳头就是立体的地形。这样，山顶、山脊、山谷、鞍部、陡坡、缓坡等都能一目了然。学生学习起来自然有兴趣，学习也就不吃力了。

再如，很多老师都会用讲故事的方式激发学生的学习兴趣，这也是很好的一个方法。我们来看看龙泉老师为学生们上的一节生动的“故事”地理课。

城市的起源

这是很久很久以前的故事……（学生一阵哄堂大笑)

那时候人们还是靠狩猎与采集勉强填饱肚子，打到兔子，吃兔子；打到野猪，吃野猪……那个时候人们都没有挑食的坏毛病。

我们家可能最擅长打兔子，因为祖祖辈辈都在打兔子，随着打兔子的技术水平不断提高，每天打回的兔子吃不完了，这叫什么？(学生回答：剩余产品)，于是我就产生了换换胃口的想法。于是我就会拎着两只兔子到部落的其他家庭去转转，看看谁家有吃不完的野猪肉，想换点野猪肉吃吃。有时候这种交换可能成功，有时候可能很难成功，也许我的邻居们恰巧也都只会打兔子。

为了提高这种交换的成功率，我们就约定……（我故意停顿三秒钟，眼睛再次环视全班，教室里马上安静下来，很多人都瞪大了眼睛，竖起了耳朵，我故意以神秘的语气继续讲。）在每个月的月圆之夜，在部落边上的那棵大树下，把自己多余的猎物都带来。(学生们大笑起来）这样交换的成功率就会比以前要提高很多，但是，也有不凑巧的时候，某个月圆之夜，大家来到大树下，一起打开自己的口袋，发现（停顿三秒）全是兔子。(全班狂笑)

这时候，站出一个人，大叫一声：“我就住在树下不走了，你们把自己的猎物放在这里，在石头上刻下自己想换的猎物是什么。你们每天都可以把猎物送到我这里来，我帮你们交换。”这个人是谁？这个人是谁？（全班马上安静下来）这个人就是世界上第一个小卖部老板，世界上第一个商人，世界上第一个城里人啊！（全班狂笑）安静！安静！这是真的！城市的定义是什么？(大家都看着我）城市就是非农业人口聚居的地方，这个再不打猎，再不从事农业活动，住在大树下面从事商业活动的人，不是城里人，是什么？

好，现在，我们来总结一下：城市出现的基本条件是什么？

1. 农业生产技术的创新。正是因为打猎的技术创新才导致打的兔子吃不完，才会产生一定的剩余产品，才会产生交换的

欲望。

2. 劳动分工促进了城市的出现。正是那个大叫一声的人，勇敢地选择了从事非农业生产活动，当商品交换由偶然性发展为经常性时，便在适于货物集散和商品交换的地方（大树下）出现固定的交易场所——集市。随着商品生产和商品交换的发展，交换地域的进一步扩大，集市就可能演变为城市。

（学生大笑，估计是笑我胡编）笑什么？笑什么？我可是按教材上讲的哦，请大家打开教材，看《必修（下）》第45页“城市的起源”。（大家翻书，发现果然我说的都是教材上的原话）

接着我又如法炮制为学生们讲述了如何在河流交汇点、矿产资源丰富地、河流运输起止点、旅游风景区等地点产生城市的故事。

（华中师范大学附中　龙泉老师）

【点评】

这是特别有创意的一堂课，充满了教师的智慧！龙老师不仅是在讲故事，还是在创设地理情境，让学生在轻松的气氛中感受到了地理的魅力，极大地提高了学生学习地理的兴趣，激发了他们探究城市起源的动力！

除讲故事之外，地理老师还可以通过幽默的语言和人格魅力，吸引学生自主学习地理，调动学生学习地理的兴趣和热情，比如龙泉老师在叙述故事时，语言就非常风趣幽默，增强了故事的吸引力。再如，被誉为“史上最牛”的地理老师万耀平有许多经典语录被广为传颂，现列举几段：

“某些同学考试时脑袋偏转的角度不要超过黄赤交角。”

“两艘船，一艘在热带、一艘在温带捕鱼，哪艘船更容易沉掉？温带的，为什么，温带鱼多，船装不下就沉了。”

“太阳耀斑爆发是很可怕的，但我要是被惹火了的话，会比耀斑还可怕数万倍。”（所以他有个外号叫“万耀斑”）

“今天地理课上我发了火，头上出了汗，太阳一出来蒸发了，在太仓南部上空形成了水汽，下了场雨，碰巧有几滴又落回我头上，这就是一个水循环。”

“这位同学站在悬崖上面对着大海，反思他刚才在地理课上的所作所为，如果这时是白天，那么他是安全的；如果是晚上，吹起一阵风，他就会感觉到一双罪恶的手在把他往悬崖下推。”

幽默是一门艺术，幽默教学更是一门高超的艺术。但在课堂教学过程中，还要注意张弛有度，不要让频繁的笑语分散了学生的注意力。

2. 培养学生自主学习的能力——使学生“能学”

教是为了不教。但在实际教学中，有的地理老师认为自己讲不深、讲不透，学生就学不会，低估和漠视学生的独立学习能力，从而导致学生独立性的不断丧失。实际上，除有特殊原因外，每个学生都有相当强的潜在的和显在的独立学习能力，并且都有一种表现自己独立学习能力的愿望。因此，老师应该尊重学生的独立性，积极鼓励学生独立学习，并创造各种机会让学生独立学习。

有的老师说：“老师越‘勤’，学生越‘懒’；老师越‘懒’，学生越‘勤’。”从学生学习的自主性这个角度看，这句话是有一定道理的。自主学习正是要求教师成为学生学习的引路人，拓展其学习空间，培养学生自主学习的能力。老师可以通过编制学案、创设问题情境、巧妙设问等方式，使学生不断提高学习能力。

极地地区

生：老师，南极和北极的纬度范围相同，但是它的平均气温和最低气温都比北极低很多，差不多 30 多度呢！为什么会这样啊？

师：吴冰提了一个非常好的问题！既然纬度范围相同，为什么温度会有不同？说明它们一定有不同的地方，现在咱们就一起

来找找吧！先把课本翻回到100页和101页，看看两个地区有什么不同？

生：北极大部分是海洋，而南极大部分地区却是陆地！

师：很好！这会造成什么影响呢？大家有没有在海边游泳的经历？晴天和阴天在沙滩上和水里的感觉有什么不同呢？

生：如果是大晴天游泳，你会感到沙滩上热，而水里凉爽；但是如果天比较凉的话，那站在岸边比较冷，而钻到水中则比较暖和了。

师：说得很好！那我们就可以下这么一个结论：水就像一个性格温和的人，而陆地则像一个性格暴躁的人。当外界温度有了高或低的变化时，陆地会马上跟着变，而水的变化则比较小……

生：那这就好解释了！南极以陆地为主，所以虽然纬度相同，但它要比北极的温度低许多。

师：还有什么原因？我们再来回忆，上节课我们说南极都有哪些名称？

生："冰雪高原"、"白色沙漠"，还有"风库"！

师：大家有没有爬过山？你往山上爬，身体感到温度是怎么变化的？

生：越往上爬越感到冷，"高处不胜寒"嘛！

师：好极了！"冰雪高原"的海拔一定比较高吧！所以它的温度会怎样？

生：当然会低一些……

师：还有呢？冰雪高原上一定有好多冰吧！冰和水的反射率，谁会更高一些呢？

生：当然是冰了！

师：是呀！太阳辐射好不容易历尽千辛万苦跑到这里，却被厚厚的冰盖无情地反射了回去……

生：老师，依我看，这就是个恶性循环！因为温度低，使得它的冰雪不断加厚，冰雪越厚，它的高度就会越来越高，反射也会越来越强，这样就会导致温度越来越低！

师：说得好极了！

……

（北京师范大学附属实验中学　王旭老师）

【点评】

综合比较分析南北极气温差异本来是属于高中地理探讨的范畴。面对学生的疑问，王旭老师没有简单地说“这个道理以后到高中就明白了”，也没有简单地把正确答案告诉同学们，而是结合学生的生活体验和已知知识，引导学生逐步发现其中的原因，以至学生初步体会到了南极地理环境整体性的特点（“恶性循环”一段）。这让学生既乐于接受，又有自主探究成功的喜悦。更难能可贵的是，它让学生保持了一颗好奇心！

3. 加强学法指导——使学生“会学”

学生“会学”是自主学习的核心。具体来说，“会学”包括学会确定学习目标、选择适合自己的学习方法、学习过程自我调控、学习结果自我反馈。地理学科除了完成上述与其他学科共性的学法指导外，还应依据学科特点，特别是要使学生掌握各种示意图、景观图、统计图等观察使用方法，以及运用地理数据分析地理问题的方法，综合分析地理问题成因和因地制宜解决环境问题的方法等。比如，天津市耀华中学肖鹏老师在给实验班一年级讲“世界地理分区”时，只讲授“亚洲”这一节，告诉学生学习区域要从哪些角度去把握，剩下的区域都由学生分组进行讲解。这样，每一节的学习目标、学习方法、学习过程的调控和自我反馈都由学生自主决定，老师只是根据学生所讲的内容进行纠正和补充。

4. 深刻认识学习的意义——使学生“坚持学”

如果学生认识不到学习的意义，不能把学习跟自己的生活、生命、成长、发展有机联系起来，这种学习就不是自主学习。只有学生自觉地担负起学习的责任时，学生的学习才是一种真正的自主学习。因此，认识到学习地理的重要性，是学生坚持学习地理的内部动机。这要求我们所有老

师，一方面加强学生的思想教育，培养学生自主学习的坚强毅力；另一方面，在地理教学过程中，密切联系实际，让学生学习身边的地理，学习对终身发展有用的地理，充分体会到地理学的价值，增强坚持学习地理的信心和决心。以下是一位地理教师在这方面的心得体会。

2006 年上半年，我在耀华中学实验班一年级代课，我们期末考试的最后一道题是这样的："谈谈你这一年来学习地理的感受，字数不少于 200 字。(提示：你最喜欢哪部分地理知识？你在生活中能够运用到哪些地理知识?)"这道题紧扣"学习有用的地理"这一理念，引导学生思考地理对自身的价值。其中，吕志超同学所写的"学习地理感受"被我抄录下来，保留至今，用以激励我的每一届学生。他是这样写的：

"我对世界地理很感兴趣。在读书看报中，若没有这些知识作基础，必然只能一知半解。

我惊叹于尼罗河之长，珠穆朗玛之高，马里亚纳海沟之深，南极大陆之寒，这些自然奇迹激励着我通过努力人为地创造奇迹。

听闻近来伊朗核问题，若是不知伊斯兰教为何物，也就不知为何伊朗与西方世界作对。

听闻近来西方媒体诬蔑我国在非洲搞"新殖民政策"，若是不了解西方曾对非洲疯狂的掠夺以及现在非洲的经济问题，也就无法为我国经济辩护。

欧洲球队举世闻名，而知道他们乳畜业发达后，就可以想象到他们身体的健壮。

"新马泰"是我国人民近来旅游的一大方向，若是不了解东南亚的民俗风情胜景，又怎能有一游的愿望？

中东战争令人领略到宗教矛盾的影响，美国科技之强大令人意识到超级大国的存在。若是迷路，我可以靠树的年轮抑或是手表、太阳的帮助；若是在人生道路上迷失，我可以依靠那 65 亿人民。”

虽然文字略显稚嫩，一些看法不免片面，但他在考场上在有限的时间内能够写出如此文笔斐然而又内涵丰富的文字，已经表明他已把地理学习和自身的发展紧密地联系起来，地理知识已经内化为他生命的一部分。我想，即便以后他不再上地理课，他依然能够保持一颗探究地理的心，习惯于用地理指导生活。

有学者认为，在自主学习过程中，作为老师应该要遵循“五条戒律”：凡学生能看懂的，就不讲；凡学生自己能学会的，就不教；凡学生自己能探索出结论的，就不“操心”；凡学生能自己做的，就不“代劳”；凡学生自己能说的，就“免开尊口”。这样，老师虽然很“懒”，但学生的自主学习能力就会不断提高。

当然，我们强调学生的自主学习，并不是说完全放任学生。老师依然是整个学习活动的组织者、引导者和参与者，教师和学生一起构成一个“学习的共同体”。

二、合作学习

合作学习是指学生在小组或团队中为了完成共同的任务，有明确的责任分工的互助性学习。如讲“地图”时，为了更好地让学生体会地图三要素和地图的作用，可以让学生绘制学校的平面图。比如把全班分成五个绘图小组，把全校分成五个区域，每个组负责绘制其中的一个区域，最后将五个组绘制的地图拼合成一幅完整的校园平面图。这需要各组确定的比例尺、指向标和图例要统一。因此，这既需要组内成员合作，也需要各小组之间的合作。

合作学习的方式灵活多样，可以有效激发学生主动参与的兴趣，启发学生进行积极思维。在地理学习中，可以采取小组讨论、辩论、游戏、搜集资料、角色扮演、调查访问、地理模拟实验等方式，教师可以根据不同的教学内容选择合适的方式。

对于合作教学内容，教师也要注意选择。一些过于简单的地理问题

（无需合作即可得到解决的问题）和讨论的问题空间太大的问题，都不适宜采取合作学习的方式。一般而言，适宜作为合作学习的内容包括以下几个方面：

（1）包含较高层次的认知任务和能力培养的内容。例如：依据地图和文字资料，分析美国东北部工业区发展经济的有利条件；分析日本自然环境对其经济发展造成的有利和不利影响等。

（2）答案不唯一、开放性内容。例如：中东地区战乱不断的原因；如何保护亚马孙河流域的热带雨林等。

（3）需要互助合作，个人无法完成的内容。如绘制校园平面图等。

（4）学习目标重要，学生需尽快牢记的内容。例如：记忆我国 34 个省级行政区的名称和位置，开展拼图竞赛；学习我国的铁路线，不同的学生扮演不同的铁路枢纽，不同的铁路枢纽组合成不同的铁路线。

教师采取合作教学时，首先要科学划分小组。合作学习一般采取异质分组，即小组内各成员间在性别、学习成绩和能力、气质和性格要有互补性，且各个小组处在同一起跑线上。小组人数可以根据班级人数和活动内容而确定。其次，要让每个学生明确自己在合作学习中的任务、职责和重要性。另外，还要指导学生学会合作技巧，如学会表达感谢、学会发言、学会倾听、学会质疑和反驳等。

在合作学习的过程中，教师不是旁观者，而是学生合作学习的组织者、引导者与参与者。具体来说，教师要做到以下几点：①规范学生的行为，使每一个学生的活动必须集中到完成学习的任务上来，使教学过程“活”而“有序”；②及时发现学生在合作学习中产生的有创意的想法；③帮助学生排除一些学习障碍；④引导深化学生的学习成果。

交通与旅游

1. 教学目的：

复习巩固铁路运输、公路运输和旅游资源的有关知识；培养学生使用列车时刻表和利用公路交通图外出旅行的基本技能，以及运用已有知识分析、解决地理问题，服务于实际生活的能力。

2. 教学过程：

【导入设疑，确定目标】

我首先利用电脑制作的课件向同学们介绍山东省著名的旅游景点：济南、泰山、曲阜等地，激发学生兴趣。然后确定课堂学习目标为：周末山东2日游旅行计划。全班每六人为一组，要求各小组讨论制订各自的旅行计划。具体要求（课上印发给学生）如下：

目的：山东2日游

时间：周五18：00～周日24：00

旅游景点及游览所需时间：（根据兴趣、时间自由选择）

（1）泉城——济南：（大明湖、趵突泉群、千佛山）需1日；

（2）东岳——泰山：需1日，徒步登顶一般需4～5小时，体力较差者可乘汽车至中天门，再乘坐游览索道至岱顶；

（3）东方圣城——曲阜：孔府、孔庙、孔林需1日，若加周边“亚圣故里”等景点，需2日。

资料、工具：简明列车时刻表、山东省交通图、一根小绳和直尺。

具体要求：

（1）往返须乘火车，说明所走铁路线，所乘车次及出发、到站时间。

（2）各景点间要求乘汽车，说明所走国道，并量算距离，估算路程所需时间（汽车以60千米/小时的速度为准）。

（3）说明选择该景点的原因。

（4）写出详细行程计划。

【小组讨论】

各组学生开始热烈地讨论，很快选定了各自的旅游景点，并自行分工，开始商讨具体行程安排。

我在巡视、指导的过程中，发现各组就列车时刻表的阅读、公路里程和所需时间的估算等共性的问题遇到了困难。于是要求暂停，请各组同学把自己遇到的问题和困难说出来，大家共同探讨，互相帮助，不用我解释，很快同学们就自己解决了问题。

讨论继续进行，各组分别拿出了自己的计划。

【展示成果，全班交流】

先是各组派代表展示、宣讲本组的旅行计划和具体日程安排。然后同学们对各个方案在景点选择、时间安排、行程安排等方面的优点和不足做了充分讨论，并提出了许多好的建议，一节课在紧张地讨论和积极地争论中结束了。

（北京和义中学　贾怡敏老师）

【点评】

本部分教学内容适宜采取合作学习方式，目标明确，教师充分发挥课堂的组织者、指导者和参与者的作用，学生能够充分调动自己潜能，相互协助，解决地理问题。

三、探究式学习

探究式学习指学生在学科领域内或现实生活情境中选取某个问题作为突破点，通过质疑、发现问题；调查研究、分析研讨，解决问题；表达与交流等探究学习活动，获得知识，激发兴趣，掌握程序与方法。

根据探究学习的理论及地理学科特点，地理探究式学习方式是指学生在地理知识学习或现实生活情境中，通过观察事物、发现问题、调查研究、动手操作、搜集和处理信息、表达与交流等活动，获取知识、技能、情感体验的一种学习方式和过程。

探究式学习能够充分发挥学生的主体作用，有利于培养学生的实践能力和思维能力，激发学生的创新精神，也是学生学习对生活和终身发展有用的地理知识的必然要求。总之，探究学习可以引导学生充分参与教学过程，激发学生学习兴趣和自觉性，最大限度地发掘学生的自身的创造潜力。此外，探究学习还可以使教师突破教材与课堂的局限，有效地利用各种地理信息资源，构建开放式课堂。

在教学实践中，常用的探究式学习的模式主要有两种："创设情景—观察探究—推理证明"模式和"遇到问题—收集资料—论证探究"模式。

"亚洲"

师：同学们！对于"亚洲是世界第一大洲"我们都有一定的认识，今天我们还要学习这方面的内容，不过首先请同学们看书自学，请认真阅读教材2~3页的文字和图片，然后我们一起探讨一个问题——你从哪些方面可以证明亚洲是世界第一大洲？

生：图6.3中的数据不是说明了吗？

生：老师，我看图6.2就可以证明。亚洲所跨的纬度从赤道以南到北纬大约90°，南北的距离长是其他大洲所没有的。

生：老师，我觉得亚洲东西所跨的经度也可以证明。大家看，亚洲东西所跨的经度超过了150°。

生：不对。南极洲所跨的经度是最大的，可是面积并非最大。我觉得应该把他们的观点加在一起才可以证明。

师：对，应该把"亚洲东西所跨的经度大"改成"亚洲东西距离长"。

生：老师，书中的标题不就是很好的证明吗？

师：很好，这是一种方法。说明这位同学看书很仔细……

生：老师，我看图6.5画出了亚洲的很多河流，并且很多河流都很长，这点是不是可以证明？

生：老师，还有图6.4告诉我们亚洲有很多国家，也可以证明。

师：国家多就能证明面积大吗？欧洲的国家也不少，面积呢？

生：欧洲的国家面积都比较小，亚洲很多国家面积都很大，大国多。

……

（北京师范大学附属实验中学 王旭老师）

【点评】

这部分教学内容采取“小题大做”的方式，一个相对简单甚至无需逻辑判断的问题，经过王老师的精心设计，创造了一个很好的问题情境，让学生利用已知知识和教材内容进行探究，培养了学生提取地理信息及运用地理语言阐述问题的能力。

综上所述，学习方式其实是一个组合概念。自主学习、合作学习与探究学习这三种学习方式，它们之间既相互独立，又相互影响。例如，探究学习，既可以是自主探究，又可以是合作探究，而在实际教学中又以“他主”探究为主。由此可见，真正有效的学习方式应该是三种学习方式的恰当组合，这既需要教师的智慧，充分发挥创造力，也需要依据教学目标和学生的实际情况合理选择和组合。

第三节　构建开放式地理课程

地理新课程基本理念之四：“构建开放式地理课程。地理课程要充分重视校外课程资源的开发利用，形成学校与社会、家庭密切联系，教育资源共享的开放性课程，从而拓宽学习空间，满足多样化的学习需求。”

什么是地理课程资源？我们又如何实现这一理念呢？

一、开发地理课程资源的重要性

地理课程资源包括旨在实现地理课程目标的各种因素和条件。实践开发地理课程资源的目的是实现国家所规定的地理课程目标，为地理教师提供各种教学素材、案例、条件和手段，更好地贯彻地理教育思想。另一方面，能够充分体现“以学生发展为本”的思想，广泛开拓学生的知识视野，不断拓展学生的学科深度。

按照地理课程资源的空间分布，可将地理课程资源划分为校内课程资源和校外课程资源。就利用的经常性和便捷性而言，校内课程资源的开发和运用应当占据主要地位。但从地理课程的学科特点来说，校外课程资源在很大程度上是对校内课程资源的补充和拓展，对于学生养成科学的地理观、环境观和正确的可持续发展理念是至关重要的。

如今，电子信息技术尤其是网络技术的迅猛发展，使地理课程资源极大地丰富化。它一方面大大拓展了地理科学的视野，扩大了对地理环境、社会经济活动和人地关系的认识深度；另一方面也更有利于学生开展探究性的地理学习和创造性的地理活动。

二、开发地理课程资源的基本策略

1. 切实加强师资队伍建设与教材建设

根据我国的地理教育实际，教材和教师无疑是非常重要的课程资源。地理教材须体现国家地理课程标准的基本要求，比如学科领域、知识结构、技能培养等，对地理课程和教学内容起到良好的规范作用。但教材并不是唯一的课程资源。在地理教材的建设方面，应注重结构、理念和视野上的突破，广泛结合学科的新技术和新进展。

在很大程度上，地理教师的素质状况决定着地理课程资源的识别范围、开发利用程度和发挥效益的水平。在其他课程资源相对短缺的情况下，教师能力的充分发挥显然是十分重要的。在此必须强调的是，当今地理科学进展迅速，无论地理教材，还是地理教师，都应当“与时俱进”，不断更新陈旧过时的学科内容，广泛吸纳地理科学的新知识和新技术。

2. 目标明确，计划落实

地理课程资源的建设应当具有明确的目标，必须纳入地理课程部分改革的计划，并需要采取一系列行之有效的对策措施予以落实。地理课程目标的确定应充分考虑到地理课程资源的现状与潜力。

3. 因材施教，突出重点

对现有的地理课程资源应当分门别类，划清层次，因材施教，重点开发那些有助于学生探究性学习、创造性思维和协调性发展的地理课程资源。

地理课程资源的筛选标准可考虑为：①有助于正确认识地理环境、人地关系和树立可持续发展的环境理念；②有助于培养学生学习地理的兴趣爱好和发展要求；③有助于养成学生的地理实践技能和地理创新能力；④与教师的教学能力、专业水平和地理素养相适应。

4. 深入研究，系统开发

地理课程资源一方面服务于学校的地理教学，另一方面则也适用于社会的地理教育。应当对地理课程资源展开专门和深入的研究，在此基础上进行全面和系统的开发。开发途径主要包括：

（1）开展社会调查，了解地理课程资源的类型结构和分布状况，并对其进行筛选；

（2）研究一般学生及特定受教学生的实际情况，摸清他们需要哪些地理课程资源；

（3）在此基础上制定地理课程资源的开发计划并付诸实施；

（4）制定参考性的地理技能清单，结合课堂资源管理数据库，拓宽校内外地理课程资源的分享渠道，提高资源的利用效率。

三、积极建设学校地理课程资源库

学校地理课程资源库与地理教学过程密切相关，它主要包括与地理教学有关的图件、资料、模型、标本、教学软件、电教器材、教学实践场所等。

学校地理课程资源库的作用主要体现在：

（1）支持教师的地理教学过程，加强教学的说服力和直观性，有利于学生形成科学的地理概念。

（2）支持学生的地理实践活动，培养学生的思考能力和动手能力。

（3）开拓学生的地理知识视野，有助于养成可持续发展的环境理念。

（4）增加学生学习地理的兴趣，鼓励学生开展自主性的学习。

四、充分利用学校地理课程资源

1. 在组织活动中充分利用学校地理课程资源

地理教师要结合学校的实际情况和学生的学习需要，充分利用学校已有的地理课程资源，以及师生可用于地理教学的经历和体验，开展形式多样的地理活动，以作为地理课堂教学的重要补充，并提高学生的地理实践能力。

教师应鼓励和指导学生组织兴趣小组，开展野外观察、社会调查等活动。在此方面需要强调的是：每次活动应当有明确的主题，外出考察或调查要有确定的范围，在活动过程中教师要加强对学生的指导，要求学生根据考察或调查活动撰写小报告或小论文。

教师要指导学生编辑地理小报、墙报、板报，布置地理橱窗，引导学生利用学校广播站或有线电视网传播自编的有关节目。在此方面需要注意的是：①重视时效性，比如结合当时发生的重要事件，或者根据形势确定

特色专题；②强调趣味性，可考虑图文并茂，内容新颖，生动活泼，以吸引众多读者；③突出知识性，可有计划地结合教学内容，并作一定的拓展和延伸。

2. 在提高信息技能的同时充分利用学校地理课程资源

在新形势下，要求教师掌握计算机辅助教学的基础知识和基本技能，并能够指导学生上机开展地理学习活动。计算机可以传播大量和形式多样的媒体信息，计算机网络完全打破了信息交流的时空障碍，多媒体和网络的结合能够使传统的地理教学上升到一个新的阶段。它可以改变教师的孤立状态，从互联网上获取大量新的信息，使得教师能够为学生提供足够的真实、复杂的虚拟环境，使得学生在其中像真正的地理工作者一样去野外考察，像真正的科学家一样去探索宇宙，像各级领导一样对重大现实问题作出决策，并评价自己的学习结果。它也能够使教师在为学生创造探究环境的同时，更加深入地研究学生思考问题的轨迹，探索个别化教学的规律。计算机及其网络对地理教学的辅助作用，已经引发了地理教学的革命性变化，并且将大大丰富地理课程资源的内涵。

五、合理开发校外地理课程资源

校外地理课程资源丰富多样，具有涵盖面广、信息量大、时代感强、贴近日常生活实际等特点。它的开发利用，可作为校内地理学习课程的延伸和深入，有益于开拓学生的知识视野，培养学生的地理技能，进而树立科学的环境观和正确的世界观。

1. 校外地理课程资源的基本类别

根据校外地理课程资源的内容和性质，可将其划分为四大类：

（1）大众传媒

包括许多地理书刊、报纸杂志，广播，电视、电影，互联网等。大众传媒的特点是信息量大，但不确定性也比较突出，故地理老师应加以科学引导，以建立合理的学科知识结构。

（2）青少年活动场所

包括青少年活动中心、科技馆、图书馆、资料馆、地理教育基地、天文台、地震台、气象台、水文站、博物馆、展览馆、陈列馆、主题公园、植物园、动物园等。在运用上述课程资源的过程中，教师要注重学生地理创新能力的培养，引发学生的研究兴趣，引导学生深入探究所关心的地理事物。

（3）学校周围的社区机构

包括有关的工业企业、示范农场、商业中心、大专院校、科研机构、高科技开发区等。开发这一类校外地理课程资源的方式主要有：邀请有关专家作地理学术报告；聘请有关科技人员和专家担任学校的兼职教师；在有条件的地方，可组织学生参观、服务和劳动，以增加学生的实践经验，培养学生为公众服务的意识；去有关的大专院校实验室参观学习。对于非教育系统的地理课程资源，应与其建立必要的业务联系。

（4）学校附近的自然环境

了解并认识自然环境的方式主要有：在教师的带领下，结合地理课程内容开展专题性的野外地理考察活动；在家长的带领下外出旅游，根据学生本人的实际体会，写出专门的地理旅行报告；组织地理活动小组，对学校附近的自然地理状况进行系统性的调查，比如了解地形、气候、河流、植被、动物、农作物、矿产、环境污染、人口、经济发展、工业生产、交通运输等方面的情况，并写出专门的调研报告或小论文。一般要在教师或家长的指导下进行，在野外活动时务必要注意安全，防范各种风险和意外事故。

以下是一位在教学一线从事地理教学的老师对于构建开放式地理课程的心得体会。

我刚参加工作后的几次汇报课，让我认识到了构建开放式课程的重要性。

有一次，我讲《气候及其在地理环境中的作用》这节课。这节教学内容首先要介绍地理环境的内涵及所包括的地理要素。由于我校坐落在天津市的郊区，算是城乡结合部，自然环境要素和人文环境要素均有代表性的景观。课前，我在学校周边拍了一组

照片。课上，当学生看到这些熟悉的景象时，课堂气氛一下子调动起来了。

还有一次，我做了一节“试卷分析”汇报课。课前，我把同学们的试卷扫描下来，把问题突出的答卷在幻灯片里播放，让同学们一起分析，取得了较好的教学效果。

此外，学校还曾组织学生参观天津城市规划展览馆，学校要求地理老师必须去。在去之前，我鼓励学生多搜集资料，在现场多提问题，并在现场对学生们的疑问进行了解答。

这几次教学经历不仅让我认识到了构建开放式地理课程的重要性，也促使我开始系统地学习开放式地理课程的相关理论，而我在以后的教学中也开始有意识地贯彻这一理念。

参加教育教学工作几年来，我最大的体会是，新课程的要求是“用教材教”，而不是“教教材”。比如，初中新课程标准中关于中国区域地理只规定了北京和台湾，而对其他地区则没有作具体要求。同样，在世界地理中，关于大洲，课程标准也没有要求必须学习哪一大洲，而只要求学会学习大洲的方法。同样在高中新课程标准中也有类似的体现。因此，教师可以根据实际教学需求，选择不同的教学内容。

再如，高中《选修3·旅游地理》有一节教学内容是“旅游景观的观赏”，提出旅游景观的观赏要注意以下五个方面：一是要了解旅游景观的特点（包括美学价值及形成原理），二是精选观赏点位，三是把握欣赏时机，四是对于人文景观要洞悉其文化内涵，五要提高审美素质。教材上对这五个方面分别给了一些例子和图片。其中，关于第一点和第四点给的例子分别是避暑山庄的“日月同辉”和岳阳楼。但是，这两个例子都不够鲜活，“日月同辉”太陌生了，学生根本不了解，教材也没有给出恰当的图片；而对于岳阳楼，学生又过于熟悉。通过思考，我决定以西湖十景之一的“断桥残雪”导入。“断桥残雪”的图片一出来，学生就兴奋了，有的同学马上就有疑问：这怎么是断桥呢？没有断呀？这样，问题很自然就出来："断桥残雪"的形成原理是什么？我先让去过西湖的同学解释，然后我再补充，最后得出结论：旅游景观的正确欣赏的方法之一就是"了解景观的特点"。

之后，我继续追问：怎样才能看到"断桥残雪"的最佳效果？经过一番分析，得出结论：旅游景观的观赏要"精选观赏点位"、"把握观赏时机"。然后我继续追问：到西湖的人，无论什么季节去，往往都要去断桥，这是为什么呢？学生们很快联想到白娘子与许仙断桥相会的故事。断桥是一座情人桥，它蕴含着有民间传说的文化。然后进一步引申，西湖共有三座情人桥，除断桥之外，还有长桥和西泠桥。长桥，就是传说中的梁山伯与祝英台十八里相送那座桥，也是传说。至于西泠桥的爱情故事，是真实的历史故事，就是南齐一代才女苏小小的爱情悲剧。当出示这两座桥的图片时，去过西湖的同学都去过这些桥，但是感触不深。这是为什么呢？因为不了解这桥里面的文化内涵。从而得出第四个结论："对于人文景观，要洞悉其文化内涵"。

最后，逐一展示除"断桥残雪"外的"西湖十景"图片，先由同学运用前面所学知识分析每一景的观赏方法，巩固所学知识，然后我简单结合教材介绍南宋一批书画家的以杭州西湖为主题的书画创作对于"西湖十景"的重要影响，从而得出"审美素质"在旅游景观观赏中的重要性。最后，让同学们阅读教材，自己总结旅游景观的观赏要注意的几个方面。这节课是"用教材教"这一新课程理念的具体体现。

此外，地理这门科学具有很强的综合性特征，和其他学科有很强的关联性。在实际的地理教学过程中，我们不应有学科之见，应该充分利用地理学科特有优势，培养我们的学生运用数学、物理、文学、社会学、历史学的相关观念和知识来论证地理知识，并使之更有用，更贴近生活，更贴近科学的发展和需求。比如经度、纬度、黄赤交角要运用立体几何的知识，正午太阳高度角的变化规律可以运用函数图像制式，地球公转速度的变化要

运用物理的圆周运动，喀斯特地貌要用到化学知识等。

举个例子，我讲“常见的天气系统”，常以“诸葛亮借东风”的故事引入，并适当引用一些诗句说明不同锋面降水的特征。比如杜甫的《春夜喜雨》就是一首描写暖锋降水的诗作。该诗领联写道：“随风潜入夜，润物细无声。”该诗句写道春雨“随风入夜”就是说下雨时有风（即暖气团的水平移动）；春雨“润物无声”写出了暖锋降水雨量小的特点。而杜甫的《茅屋为秋风所破歌》中就成功地再现了一次冷锋天气突变。首句“八月秋高风怒号，卷我屋上三重茅”，写快行冷锋来势猛，冷锋过境时先出现大风；然后“俄顷风定云墨色，秋天漠漠向昏黑”，是写云层加厚，这是暖气团被迫抬升之故；而这之后就“床头屋漏无干处，雨脚如麻未断绝”，这时就下起了大雨。这三句把冷锋过境时出现的天气特征描绘得淋漓尽致。另外岑参的《白雪歌送武判官归京》的前四句：“北风卷地白草折，胡天八月即飞雪。忽如一夜春风来，千树万树梨花开。”这四句诗也成功描写了一次快行冷锋天气，用比喻和夸张的手法写出了天气的神奇变化。

我国冬季时的冷锋活动频繁，且多为快行冷锋，移动速度快，其冷气团多从俄罗斯、蒙古进入我国西北地区，故多吹北风。关于准静止锋，我经常引用描写梅雨的诗句。比如柳宗元在《梅雨》中写道：“梅实迎时雨，苍茫值晚春。”该诗写明了梅雨出现的时间，即在暮春初夏，而苏轼在《船棹风》中写道“三时已断黄梅雨”，点明了梅雨结束时间在“三时”，即夏至后半月，也就是七月上旬。

此外，课程资源的结构包括校内课程资源和校外课程资源。校内课程资源，除了教科书以外，还有教师、学生，师生本身不同的经历、生活经验和不同的简历、学习方式、教学策略都是非常宝贵的非常直接的课程资源，校内各种专用教室和校内各种活动也是重要的课程资源。比如，我讲《旅游景观的观赏》时，还曾经选出我拍摄的一组照片，让学生分析其中的拍摄技巧（同时也是旅游景观观赏要注意的方法）。所谓的校外课程资源，主要包括校外图书馆、科技馆、博物馆、网络资源、乡土资源、家庭资源等。

这里再举一个我讲“城市化”的课例。我把学生分成六个小组，其中三个组以具体事例说明城市化的内涵，另外三个组分别从不同侧面说明城市化对地理环境的影响。以前三个组为例，其中一个组，我把他们带到天津图书馆，查阅天津近三十年的人口变化，并用电脑绘制了天津的非农业人口变化曲线（下图）。第二组从网上找到了天津不同历史时期地图，证明天津城市地域的扩大。第三组由我校资助的学生为主，主要居住在农村，他们以现身说法说明城市化内涵之三：城市文明向乡村地区扩散。这个组还特意画了一张画（下图）。

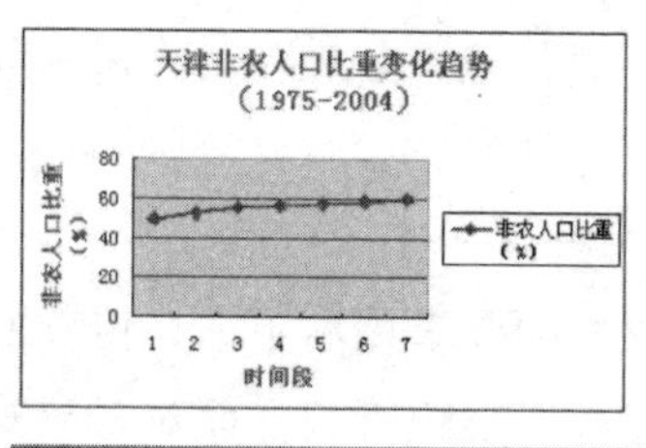

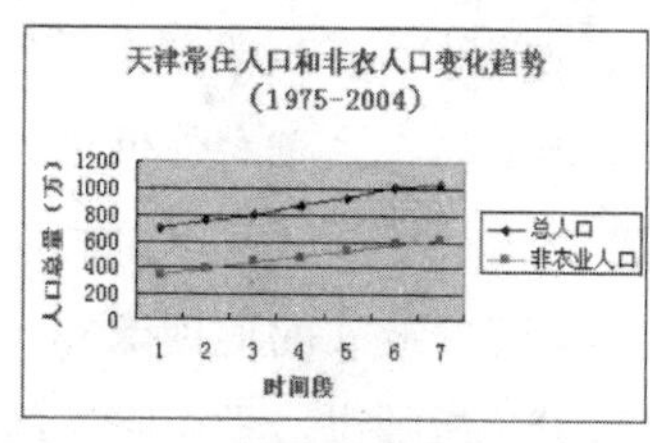

这节课也是自主学习、合作学习的具体体现，取得了显著的教学效果。需要说明的是，这些学生并不是天津市最优秀的学生，但他们表现出的创造力却让我惊叹！

此外，同传统课程相比，地理新课程的形态是开放的。比如，从管理、开发的角度看，分为国家课程、地方课程和校本课程。这几年，我给同学们开设过《三国演义》中的地理知识、中国文化地理、漫游中国等校本选修课程。课程实施的方式和途径是多种多样的，其主渠道是课堂教学，另外还可以通过社会调查、观察与考察、专题研究等方式进行课外学习活动。我在学校曾组织“求是学社”学生社团，通过组织多种途径组织学生学习地理。

再有，课程评价也要有开放性。在“改变地理学习方式”一节中提到的《河流与地理环境》这一课例中，其中有一个学习小组是评价小组，这个组负责评价其他小组的探究结果。这体现了评价主体多元化，被评者也参与评价的过程。而且，评价指标也是多元化开放性，如学习态度、创新精神、分析与解决问题的能力以及正确的人生观和价值观。

总之，构建开放式的地理课程，对教师要求更高了。在传统的封闭式的地理课程中，教师讲、学生听，教学很好组织管理。面对开放式的地理课程，老师只有迎难而上，不断探索，不断追求，才能够满足课程改革的要求，更好地让地理课程为学生的发展服务。

第四节　构建基于现代信息技术的地理课程

地理新课程基本理念之五：“构建基于现代信息技术的地理课程。在课程内容选择、教学方式方法改革和教学评价中，要充分考虑现代信息技术的影响，为发展学生自主学习意识和能力创造适宜的环境。”

现代信息技术应用于地理课堂既提高了教学效率，增强了学生适应信息时代发展的要求，又改善了教师的工作环境，有利于教师身体健康。那么，基于现代基本信息技术的地理课程是什么样的呢?

现代信息技术的使用能够激发学生学习地理的兴趣。比如电子课件具有图文并茂，动静结合，声像并举，宏观、微观的形象再现功能，能够生动、形象、直观地展示地理信息，让学生充分感知地理信息。而且利用现代信息技术更有助于学生理解抽象的地理知识，比如地球一年四季昼夜长短的变化情况，通过动画演示后理解起来容易多了。

目前，现代信息技术在地理教学中的应用主要表现在以下几个方面：

（1）老师将教学的图文内容做成幻灯片播放，这是目前广大教师普遍采用的形式。

（2）利用计算机和投影仪播放地理视频。

（3）运用网络进行地理教学。

（4）利用卫星影像地图进行教学。

（5）使用地理动画产品（如地球公转运动等）进行教学。

（6）地理教学资源库的快速发展，有效地支持地理教师的备课、教学、评价与训练等。

城市的区位因素

课前准备：

因为该软件对计算机和网络速度的要求比较高，所以其实并没有启动该软件，而是事先做好了截图，然后用 ACDSee 软件全屏放映，给人一种我在实际操作该软件的错觉。

师：这是一个很好玩的软件，叫“google earth”，可以通过它来查看世界任何地方的卫星图片。这个软件有很多种玩法，最常用的是在其中找自己所在的城市。

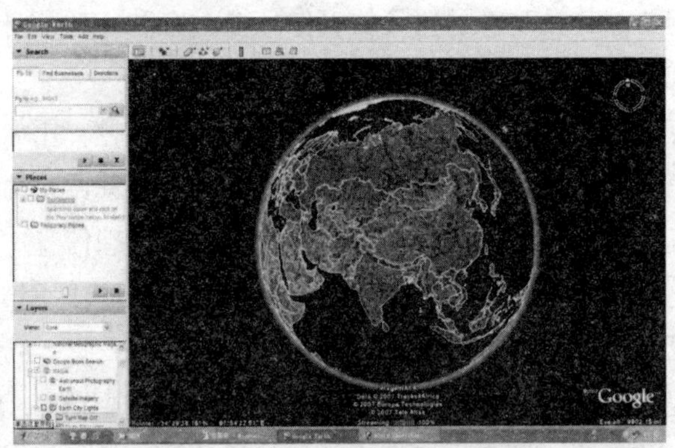

师：这就是我们所在的城市武汉。（学生一看到这个就兴奋起来）

师：我们甚至可以找到我们的学校，我们现在就在这里上课

哦（图中箭头所指）。（学生一下子更兴奋了）

师：当然还有一种玩法，就是在google earth 中寻找自己去过的地方，甚至可以拿自己拍摄的照片与其比对。

师：我在飞机上拍摄的一张照片。

师：在 google earth 上找到的景物。

师：我在古尔班通古特沙漠上空拍摄的一条山脉。

师：在 google earth 上找到的景物。

师：我在乌伦古河上空拍摄的由该河流在戈壁上形成的一个绿色走廊。

师：前天晚上我又发现一个新玩法。

师：这是湖北东部的卫星图片。

师：我无意中点了左边窗口中的“Earth City Lights”选项，图片就变成这样的模样了，我们发现武汉这个位置变成了一大块白色区域。(学生一脸疑惑，我早料到了，于是我又继续)

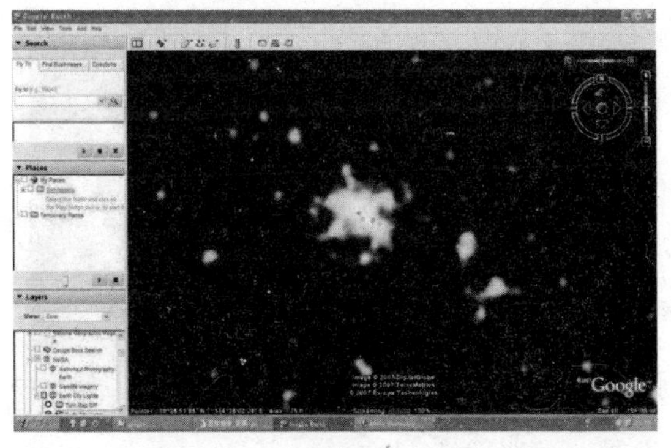

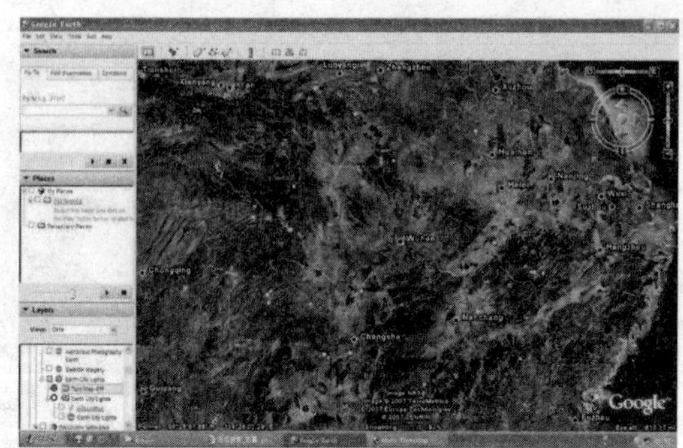

师：这是长江流域的一幅卫星图片（上图）。当我们选择“Earth City Lights”选项，就变成这个样子了。

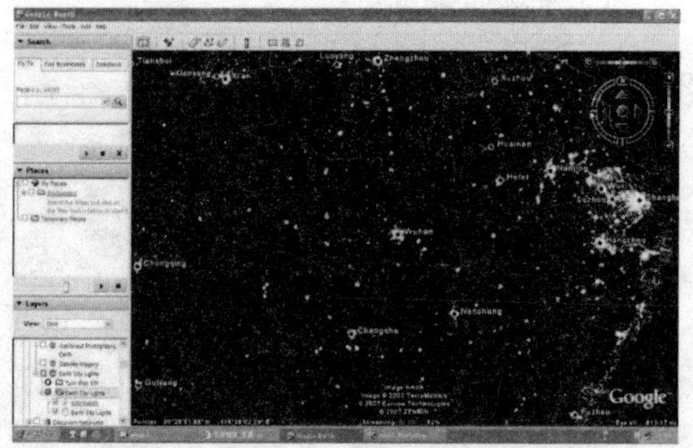

师：哦，原来这里可以显示夜景图，这些城市灯光正好显示城市的分布特点。那么我们这节课就来用这个功能研究城市区位因素。(学生不住点头，表示明白了这些白色小点的意思)

师：请同学们看图，说说我国城市分布的特点。

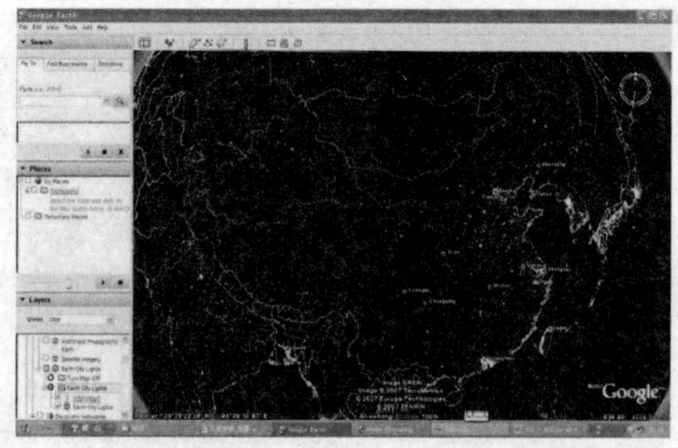

生：东部多，西部少。

师：为什么会有这样的分布特点呢？

生：这里平原面积广阔，又是季风区，降水条件好。

师：为什么平原地区城市就多呢？

生：地形平坦、土壤肥沃，农业发达，能够养活更多的非农业人口。

师：很好，也就是说城市多分布在平原地区。那我们再看看这个：

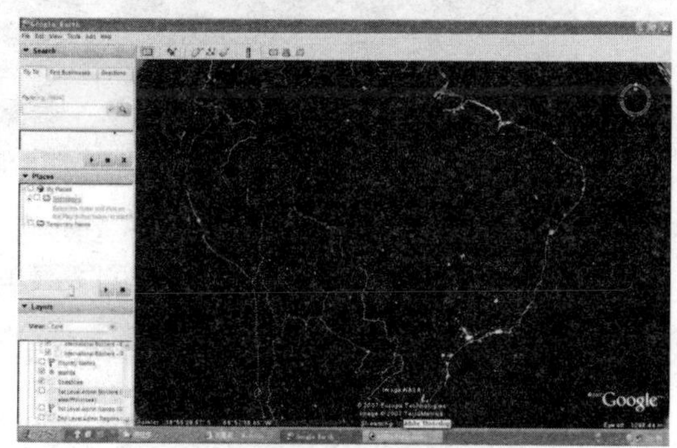

（学生经过一段时间的思考和讨论，认为这里城市主要分布在巴西高原。）

师：是哦。这里的亚马孙平原城市并不多，而巴西高原城市还多些。为什么呢？

生：热带地区，高原上更凉爽，更适合人类生存。

师：很好，那我们看看也处在热带的印度，看看你的这个结论是否正确。

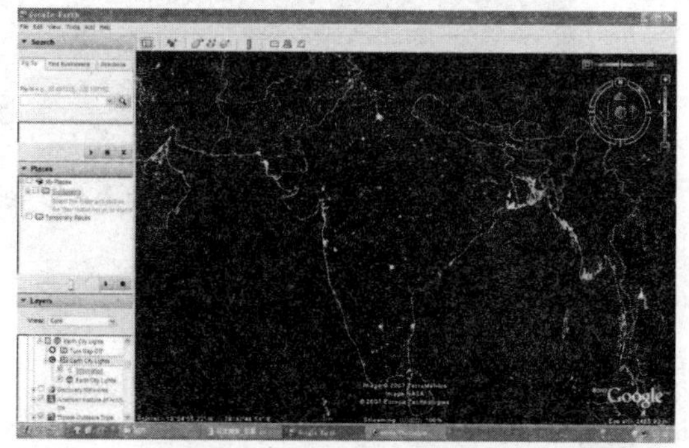

师：果然德干高原上的城市比高原边缘的沿海平原多。那大

家再看看这个图：

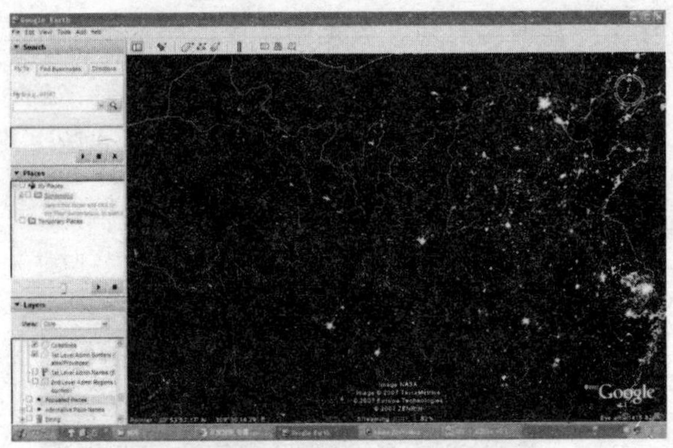

师：我们看看山西、陕西、四川、重庆城市分布的特点。

（大家通过讨论和分析得出：山西城市在汾河谷地比较集中，陕西城市集中在渭河平原，四川、重庆的城市主要分布于四川盆地。）

（总结一下：地形对城市区位的影响：城市主要分布在平原地区；热带城市多分布在高原地区；山区城市分布于河谷及开阔的低地。）

师：我们看这幅，比较一下欧洲与非洲北部城市分布的差异：

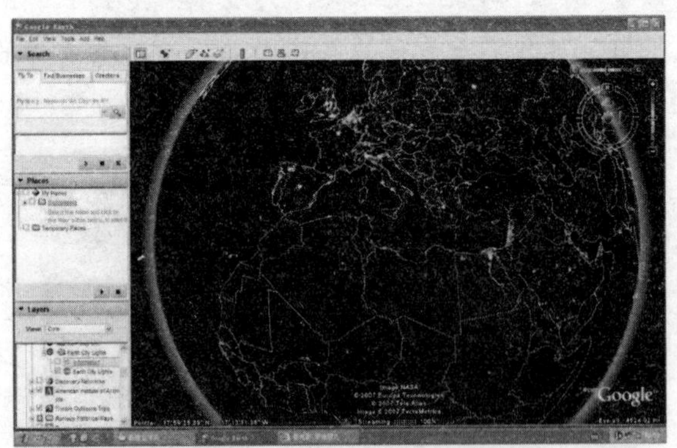

生：欧洲的城市多，非洲北部城市少。

师：为什么非洲北部城市数目如此的少呢？

生：这里热带沙漠广布，不适合人类生存。

师：恩，很好，大家再看看下面这个地方。

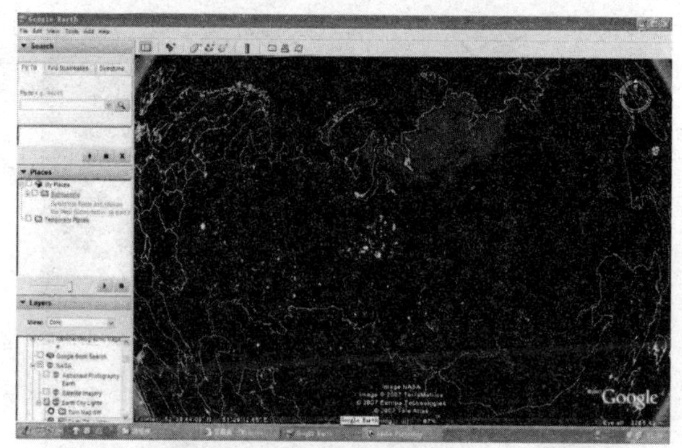

生：俄罗斯城市的分布西部多，东部少；南部多，北部少。

师：为什么？

生：俄罗斯地处高纬，气候寒冷，南部比北部要暖和些。受洋流影响，西部受北大西洋暖流影响，气候温和，东部受千岛寒流影响，气候寒冷。且东部地形是山地高原为主，城市数目少。

师：很好，你可否猜想一下加拿大城市分布的特点。

生：加拿大当然城市也应该分布在南部地区哦。

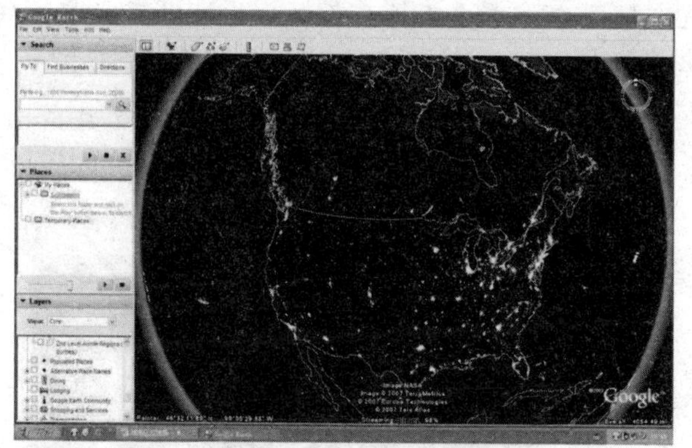

（总结：气候对城市区位的影响：主要分布于降水和气温适中的地区。）

接着，老师又接着用下面几幅图展示了河流、自然资源、交通对城市的影响。

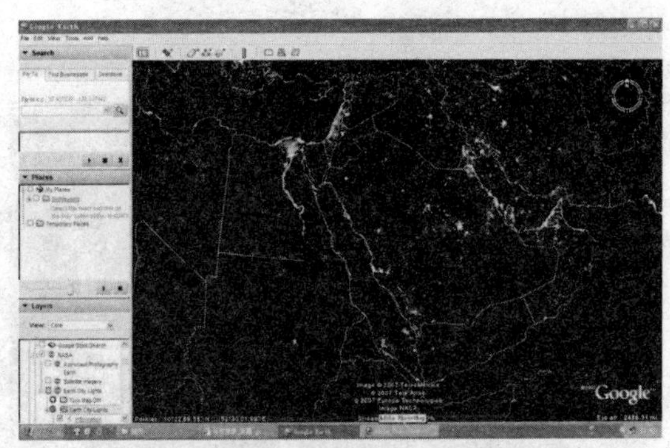

（通过尼罗河及两河流域城市分布分析河流对城市的影响。）

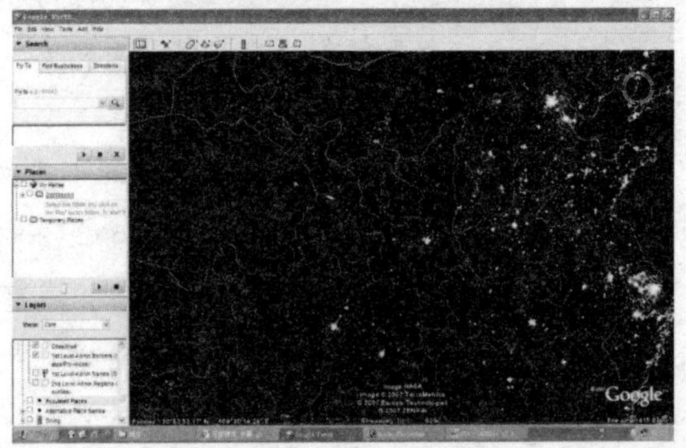

（在一幅图中，学生分析了长江、黄河沿岸城市呈线状、带状分布的特点。还在这幅图中看出了一些线状分布的规律：京广线、陇海线、兰新线、沪杭线、浙赣线等铁路对城市分布的影响。）

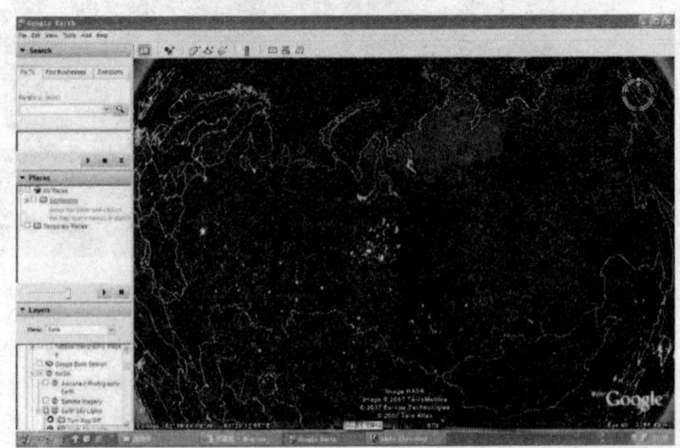

（大家发现俄罗斯中部地区有一个城市很密集的地区，这里

是因为石油的开采与加工形成的工业地域。)

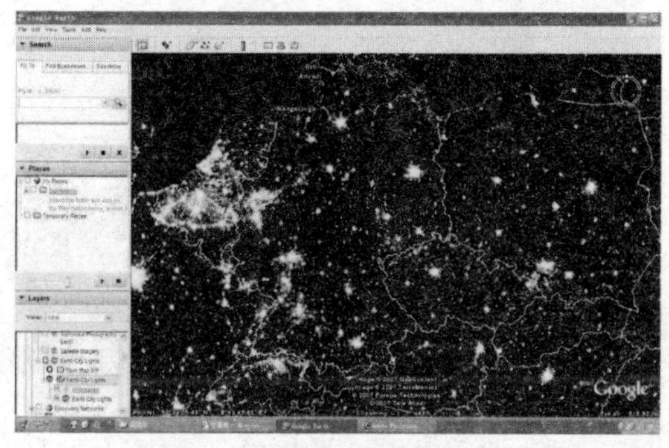

(德国的城市分布。很容易找到鲁尔区城市密集,这也是自然资源对城市的影响。)

(华中师范大学附属中学　龙泉老师)

【点评】

这是一节充分利用现代信息技术进行地理教学的一节课,设计新颖巧妙而毫无生硬之感,教学过程流畅自然,充分调动学生学习探究的兴趣。虽然这是一节复习课,但对于任教各学段的地理老师都有很好的启发。

再如,一名地理老师在龙泉老师的启发下,利用“谷歌地图”讲解“乡村聚落形态”,也收到良好的效果。限于篇幅不再完整介绍,选择其中的三张图片附录于此。

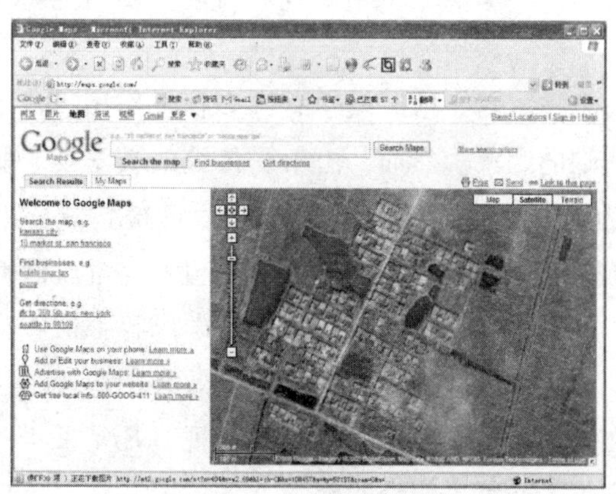

(我的故乡房舍布局形态)

（苏北平原上乡村分布）

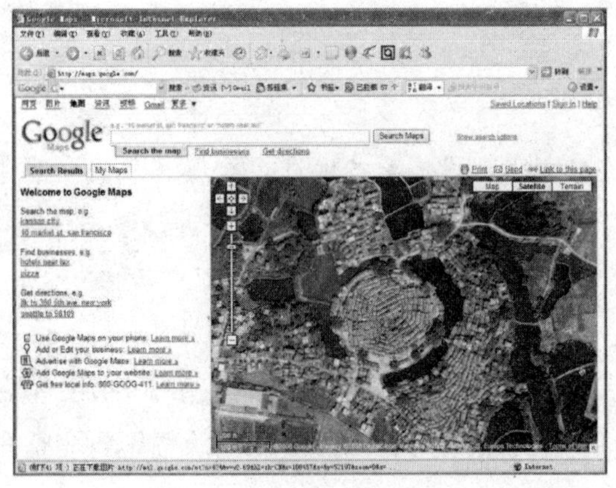

（广东高要奇古乡村布局形态）

尽管现代信息技术对于地理教学有许多积极作用，几乎成了现代地理课堂教学不可或缺的因素。然而，由于受传统的教学观念影响，那些习惯于“讲授式”为主的教师仍未改变“满堂灌”的教学方式，只不过改过去的“人灌”为现在的“机灌”。这样带来的超大容量反而增加了注入式教学的沉重负担。还有，并不是所有章节的教学内容都适宜借助现代信息技术，一些传统的教学手段同样可以达到教学效果的应该继续保留使用。比如板书、板图在地理教学中的作用就不容忽视。凡是采用一些简图就可以解决的教学内容，不妨考虑传统的教学方法。而一些以感性知识为主的基础知识，较为抽象的地理概念、原理等内容则应充分考虑现代信息技术的辅助作用。另外，有的课件华而不实，插入过多的漂亮图片，动听的音乐，虽然内容丰富，课堂气氛活跃，但没有达到实际的效果。

总之，面对日益发展的现代信息技术，作为地理教师，必须跟得上时代步伐，与时俱进，积极学习、利用现代信息技术，让其更好地为教学服务。同时，地理老师也要不断更新教育理念，提升教育思想。老师只有有了先进的教育理念，才能够驾驭不断发展的现代信息技术，使之更好地为学生成长服务。

第五节　建立学习结果与学习过程并重的评价机制

地理新课程基本理念之六："建立学习结果与学习过程并重的评价机制。地理学习的评价，既要关注学习结果，也要关注学习过程，以及情感、态度、行为的变化。实现评价目标多元化、评价手段多样化、形成性评价和终结性评价并举、定性评价和定量评价相结合，创设一种'发现闪光点''鼓励自信心'的激励评价机制。"

那么，我们如何在实际的教学中贯彻这一理念呢？

一、地理学习评价观的转变

分析上述评价理念，不难发现与以往的地理学习评价相比，新课程的评价有如下几点明显的转变：

1. 评价目标追求多元化

传统的地理学习评价将学生划等分类，把甄别和选拔学生作为根本甚至唯一的目的。新地理课程标准针对以往地理学习评价的弊端，把评价目的定位在如下几个方面：①诊断学生的学习质量，引导学生的学习方向。②促进学生的发展，促进学生潜能、个性、创造性的发挥，使每一个学生具有自信心和持续发展的能力。③检验教师的教学效果，调节教师的教学。

这一评价目标理念的转变对地理教师提出了如下要求：要树立地理学习评价的全面目的观，要在注重学习评价的管理功能的基础上，充分发挥学习评价的教育功能，关心学生的全面发展。

2. 评价内容力求全面化

以往的学习评价，主要限于学生的学习成绩和行为表现两个方面，新课程标准强调学生发展的各个方面全面评价。

①强调地理学习评价不能只局限于对学生的认知发展水平进行评价，更关注综合评价学生在情感、态度、价值观、创新意识和实践能力等方面的进步与变化。

②倡导学习结果与学习过程的有机结合。要求既要注重对学生地理基础知识和技能的理解和掌握的现实状况进行评价，更要注重学生在地理学习过程中的参与状态、学习方式、思维方式，以及学生在学习过程中表现出来学习的主动性、创造性和积极性等进行评价。

3. 评价方法倡导多样化

以往的学习评价的方法和手段单一，例如学习成绩的评定仅用测验分数来衡量，思想行为的表现仅用定性描述等。新的地理课程标准则强调把评价渗透到地理教学过程的所有环节，不同的目标领域（认知领域、技能领域、情感领域）要选用不同的方法对学生进行考查、评价。考试仅仅是学习评价的一种方式，强调要将考试与其他评价方式有机结合，力求要改变目前将笔试作为唯一的考试手段、过分注重等级、过分注重量化的做法。努力实现形成性评价和终结性评价并举，绝对评价与相对评价相结合。要根据考试的目的、性质和对象，选择具体的考试方法、手段，并对考试结果进行不同的处理，尽可能减轻考试对学生的压力。

4. 注重学生参与学习评价

在评估过程中，学生不是一系列考试的消极应付者，而应该是主动参与者。对学生的评价最终要通过学生自我评价而起作用。而以往的学习评价，教师是学生发展及其学习状况的裁判员或者“法官”，教师评价的结果具有绝对的权威性。新的国家地理课程标准倡导学生参与学习评价，鼓励教师创造条件让学生开展自我评价和学生之间的互评，也鼓励家长和社区人员参与评价过程。

5. 着眼发挥评价的激励功能

学习评价涉及复杂的心理作用，必须认真考虑评价给学生带来的心理反应。以往的学习评价过分倚重评价的甄别、选拔功能，使一些学生产生厌学心理，丧失学习的兴趣和自信心，甚至产生紧张、疑心、冷漠等病态

心理。针对以往学习评价中的问题，新的国家地理课程标准明确提出要强化评价的诊断和发展功能，弱化评价的甄别和选拔功能，倡导在教学活动和学习评价中“发现闪光点”“激励自信心”，让学生保持健康向上的心态，为学生的学习成功创造良好的心理环境；要求使学生准确了解自己的学习结果，知道怎样扬长避短，使学生从评价中得到成功的体验，从而激发学生的学习动力，使他们积极参与学习活动，以达到促进学生发展，提高教育质量的目的。地理教师要随时关注学生在学习活动中的表现与反应，给予必要的、及时的、适当的鼓励性、指导性评价。

二、地理学习评价的基本内容和要求

地理课程标准的评价建议是针对学生的学习评价提出的，而不涉及对教师教学的评价。学生地理学习活动状况、学业成绩，学生的认知、情感、态度和价值观的发展，行为表现等是地理学习评价的对象。

地理学习评价所包括的内容应当根据地理课程总目标和内容标准确定。地理学习的评价要体现以下六个“关注”：①关注学生对地理位置、地理概念、地理特征、地理空间结构区域差异、地理因果关系的理解状况；②关注学生在寻求空间有序性与规律（如空间排列状态与规律、地理过程规律等）、解释空间效应（如区际联系，一个自然地理要素的变化是怎样导致其他要素发生变化的？地是怎样影响人的？人是怎样影响地的？等等）等学习活动中应用地理知识的状况；③关注学生在地理探究学习过程中的各种表现（如学生是怎样提出地理问题的？他们怎样搜集、整理、分析地理信息资料？怎样提出假设和验证假设？怎样表达研究成果？等等）；④关注学生是否学会了相应的地理方法（如空间关系分析、区域综合分析、区域比较等）；⑤关注学生读写能力、计算能力、图解能力的发展；⑥关注学生是否在地理学习过程中形成了课程目标所要求的情感、态度和价值观。

以上六个“关注”大致涵盖了地理课程总目标中的“知识与技能”“过程与方法”“情感、态度与价值观”三个主要维度的相关目标，由此作为切入点，地理课程标准把地理学习评价的主要内容概括为如下四个方面：①评价学生解决地理问题的能力和过程；②评价学生科学方法掌握状况和探索性活动的水平；③评价学生对地理概念、区域的自然和人文特征的理解水平；④评价学生在地理学习中所形成的情感、态度和价值观。

以下是一名地理老师对地理学习评价机制的认识和体会。

假设这样一种情况：期末考试后，一个学生来找到作为教师的你，跟你说她考了58分，希望你把她的分数“改成60分”。这个学生是很规矩的，不是很聪明，也不是特别的刻苦学习，但平时能够很好地完成学习任务。对于这个学生所提出的要求，你该怎样答复他呢？

我想，很多老师会断然地拒绝他的要求，会耐心跟她讲：你现在关注的不应该是分数，而是通过这次考试你发现了有哪些问题还没有掌握。因为这样做，既公平公正，又能够对这个学生起到教育的作用，让他以后不再心存侥幸，从而更加踏实地学习。

然而，有一件事情，让我对上述处理方式产生了怀疑。有一次，我跟几个高一的学生聊天，其中一个女生说，她上个学期几乎放弃地理学习了，因为好多问题实在学不明白，考试总不及格，但由于这个学期学习人文地理，她感觉比较好学，第一次月考考了80多分，所以她学习地理的兴趣越来越大了。我听完了她的诉说后，心里开始反思：我们老师究竟该如何评价学生的学习？

后来，我读了前苏联教育家苏霍姆林斯基《给教师的建议》一书，其中有一篇文章叫《评分应当是有分量的》。苏霍姆林斯基说：“你在任何时候也不要急于给学生打不及格的分数。请记住：成功的欢乐是一种巨大的情绪力量。它可以促使儿童好好学习的愿望。请你注意无论如何不要使这种内在的力量消失。缺少这种力量，教育上的任何巧妙措施都是无济于事的。”需要说明的是，当时苏联学校的做法，一般是教师提问学生，在学生回答后就当场给予评分。对此，苏霍姆林斯基的做法是：“评分宁可

少一些，但是每一个评分都是要有分量、有意义……我给的评分主要包括学生在某一时期内的劳动，并且包含着对好几种劳动的评定——包括学生的回答（也可能是好几次回答）、对同学回答的补充、书面作业（不太长的作业）、课外阅读以及实际作业等。我用一段时间来研究学生的知识……如果学生由于这样或那样的原因和情况而没有能力掌握知识，我是从来不打不及格分数的。如果学生感到没有努力的方向，觉得自己什么也不行，这对他的精神是最大的压抑。”由此可见，苏霍姆林斯基给学生的评分，完全符合我们现在新课程所提倡的“学习结果和学习并重的评价机制”。我想，作为老师的你，如果当你读到上面这段话，一定会对我们文章一开始所提出那个问题给出新的答复。

现在，我对学生的评价策略，概括来讲主要包括以下几个方面：

1. 我对学生说，无论你考多少分，我都能接受，但要求学生能够“知不足然后自反”。

2. 在课堂上多给学生表现机会，多鼓励多表扬，但表扬不能过于廉价，不能助长其虚荣心的增长。

3. 我从不说“某某同学学不好地理”，也要求学生永远不要说“自己学不好地理”，学生要更多地反思自己是否认真“学习地理”了，学习方法是否正确。作为老师也要多反思自己的教学是否存在问题。

4. 允许学生不喜欢学习地理，但不允许不学习地理。因此，我要关注每个学生的每节课课堂听讲状态、每次作业情况，及时点拨。

5. 多提正面要求，多委婉提醒，多让学生心领神会自我反省，少严厉批评。但如果学生做错且没有意识到了，必须严厉批评，必须让其刻骨铭心，但也要注意分寸技巧，把握教育契机。

6. 引导学生学会自我反思，自我评价。比如每当我接手新的班级地理教学工作，我都要学生填写自己的地理学习状况，在期末考试中往往有一道试题让学生反思自己本学期地理学习感受甚至对地理教学的建议。

当然，上述的几点并不能涵盖评价的全部内容。新课程要求建立的评价机制，其内涵包括以下几个方面：

1. 评价的目的是全面了解学生的学习状况，是为了激励学生的学习热情，促进学生可持续发展。

我原来教过一个学生，学习态度非常端正，课堂认真听讲，每次作业都认真完成，所以我每次给她的平时成绩都比较高，所以学校每次补考名单中都没有她。学业水平考试前夕，我也没有把她列入“危险名单”之中。然而，考试结果出来后，她是全校唯一一个没有通过的学生。这让我感到很震惊。显然，这里面我要承担一部分的责任，我之前对她的评价没有能够全面了解她的学习情况，不知道她是一个学习地理能力比较低的同学。这个学生知道考试结果后，主动来找我“承认错误”。多么可爱的学生！面对此情此景，我怎忍心再对她进行训斥抑或批评？我和她彻底交谈了一番，终于知道了她的学习问题，并且安慰她不要有学习压力，把眼光看得更远一些——高考。她听完这番话后，放下了心中的包袱，仍以很高的热情学习。后来她在高考中超常发挥，选择题仅错一道题，成为全班中选择题答得最好的同学！另外，对于一些学生不正确的学习态度、学习方法，我们老师也要及时纠正。比如，有的同学很聪明，但学习不是很用功，可能会因为一次测验考得很好而骄傲，作为老师必须制止这种行为，可以找其交谈，也可以单独给他出一套测试杀杀他的气焰。

2. 对地理学习的评价既要关注学生学习的结果，更要关注他们学习的过程。很多学者、老师提倡建立“学生地理学习成长记录袋”，是近几年兴起的一种教育评价方式。它的特点是关注学生的学习过程，注重日常的评价，体现出动态的评价管理。

3. 既要关注基础知识和基本技能的掌握，更要关注在地理教

学活动中表现出来的分析问题、解决问题的能力，以及形成的知识能力、情感态度和价值观等帮助学生形成正确的资源观、环境观，树立可持续发展的观念。这要求我们平时布置的作业以及各种考试，要兼顾这三个方面。现在的中高考越来越倾向于“能力立意”，其实是新课程理念的具体体现。这要求我们老师在平时的教学中就要关注这些。

4. 评价时要关注学生之间的差异性和发展的不同需求，促进其在原有水平上提高和发展的独特性。

有一次，给初一年级上绪论课，我让同学们在纸片上写下提到“地理”一词所能联想到的内容。请同学回答的时候，开始很顺利，答案也不出意外，多是“山脉”、“河流”、“国家”、“旅游”之类。然而当我叫到一个高个子男生时，他迟迟不肯说出自己所写的内容。无奈之下，我只好亲自去看他的纸片上的内容，看他究竟写了没有。我拿过来一看，他写的是“风水”二字。我顿时一愣，但还是把他所写的念了出来。同学一听，都哈哈大笑起来，说“风水是迷信”。这位男生一下子急了，说：“风水不全是迷信，它也有科学道理的。”我制止住同学们的笑声，让这位男生把他的想法说出来。可是，他最终没有把他的想法表达出来。我只好示意让他坐下，亲自从古代陵墓选址要“背山临水”这个角度来解释“风水”有科学性的一面。我注意到这个男生听讲得非常认真，还频频点头（看来他对风水还真的有一点“研究”)。讲完之后，我还特意表扬这位男生知识丰富。同学们听完之后，也对这位男生投去了佩服的眼神。后来我想，如果我对这个男生所提到的“风水”置之不理，或许他以后就不会喜欢地理了。此外，我们在表扬、奖励学习成绩优秀的同学外，更要表扬、鼓励那些成绩有进步的同学。

5. 评价的主体应该多元化。新课程评价强调评价参与互动，自评与他评相结合，实现评价主体的多元化，即学生从被动接受评价逐步转化为主动参与评价，一改以往以管理者为主的单一评价主体的现象。这样能够使学生把评价变成了主动参与、自我反思、自我教育、自我发展的过程。

总之，新课程的评价是既重结果又重过程的评价，老师要在实际教学中落实贯彻这一理念。当然，新课程的评价机制的建立，并不完全取决于一线的科任老师，它还更多地依赖于学校和教育管理部门的支持！

第二章　乡土地理与地理课外活动

第一节　课程标准与乡土地理

一、课程标准在九年义务教育阶段为什么开设乡土地理?

课程标准把“乡土地理”作为中学地理教学中的重要内容之一，其目的是帮助学生认识学校所在地区的生活环境，引导学生学以致用，培养学生实践能力，树立可持续发展的观念，增强爱国、爱家乡的情感。

新课程标准下的“乡土地理”教学目标：

1. 认识家乡的地理环境

虽然乡土地理讲的是学生家乡的自然环境和社会环境，也许是学生熟悉的，但是，这并不等于学生已认识和理解了家乡的地理环境，学生的认知还仅仅是停留在对家乡的感性认识上，而乡土地理教学的实施过程是将感知提升为理性认识的过程，就是要帮助学生以实践和综合学习为主的学习途径，认识家乡地理环境。

2. 培养学生的实践能力

乡土地理的教学安排在九年义务教育教学的最后部分，是考虑学生已初步掌握了一定的地理基础知识和基本技能，从而有可能将所学得的地理方法运用于乡土地理的学习；“乡土地理”所属的范围就在学生身边，因而更利于学生开展野外考察或社会调查等地理实践活动。

3. 培养学生树立可持续发展的观念

可持续发展的观念，是人们在反思人类改造利用自然的实践中形成的，因此，只通过从书本到书本，从理论到理论，是难以真正确立的；而通过乡土地理的学习，结合观察、考察、调查等实践，分析自然条件对家乡社会、经济、环境、生态、文化、生活诸方面的影响以及当地人民的生产、生活等事件对家乡自然环境的影响，在理论联系实际中才能逐步确立。

4. 增强爱国、爱家乡的情感

乡土是学生观察、了解祖国的“窗口”，通过乡土地理的学习，可以让学生对祖国有更深切的感受，从而有助于学生萌发热爱家乡、热爱祖国的情感。

二、乡土地理学习与其他区域地理相比较有什么突出特点?

乡土地理具有更贴近学生生活的特点，具有将地理知识和技能应用于实践的特点，具有培养探究能力和创新能力的特点。

乡土地理作为小区域地理，其与世界地理、中国地理都作为区域地理，在教学中具有区域性、综合性和空间性等共同特点；然而其又不同于世界地理、中国地理教学的特点。

1. 实践性

乡土地理教学最显著的特点是教学途径的实践性。地理课程标准中的“活动建议”要求开展:“绘制反映学校或家庭所在地的示意课程图”；“查阅以前的乡土地图，讨论家乡有哪些变化”；“围绕家乡的环境与发展问题，开展地理调查”；“开展乡土地理的野外考察和社会调查”等活动。这些都是实践性很强的教学活动。由于乡土地理的教学内容紧密联系家乡的自然环境和社会环境的实际，这就为在乡土地理教学中开展地理实践活动提供了可能的条件。

2. 开放性

乡土地理教学中的开放性特点是由其实践性特点和培养学生探究学习能力所决定的。乡土地理教学的实践性，要求学生走出课堂，到野外去考

察，走进社会展开调查。这是教学形式上的开放，由课堂走向自然、走向社会。培养学生探究学习能力，就应结合乡土地理教学的实践性放手由学生自由选择单一的或综合的地理问题开展野外考察或社会调查。这是教学内容的开放性，由教师选定学习内容转变为由学生自由选择学习、探究的内容。

3. 综合性

这里所指的综合性是指学习的综合性，这与地理学固有的综合性特点既有联系，又有区别。地理教师在进行世界地理、中国地理教学中，虽也强调综合性，但在教学中总是按构成地理环境的各要素，分为世界的地形、世界的气候、中国的地形、中国的气候、中国的农业和工业等章节进行教学的，其间虽也探讨地形对气候的影响、地理环境对工农业生产的影响等，但是，在乡土地理学习中，应更强调学习的综合性，亦即要求学生在学习中，综合运用所学的地理基础知识和基本技能，通过观察、考察、调查等实践，分析认识家乡地理环境。

三、乡土教学有什么意义？

一般说来，乡土是学生自幼生活并在这里成长的地方，因而也是学生所熟悉的地方，通过乡土地理学习，能使学生亲身感受到家乡伴随自己成长而发生的变化。也就是说，乡土地理具有更贴近学生生活的特点。因此，家乡的山山水水、家乡人民的勤劳奋发的精神、家乡的变化等等，这些都是学生能切身感受到的生动的事实，其远胜于一般地理教学中那些只有文字描述、图片展示或录像等音像展现的事实，因而也就更有助于激发学生热爱家乡、热爱祖国的情感。同时，家乡的故土情结，可以激发学生树立改造家乡、建设家乡的崇高志向，这就有助于促进学生将爱家乡、爱祖国的情感付诸实践。

乡土地理的学习，因其可紧密联系当地社会和经济建设的实践，从而能有力地促进课本知识与实践活动的联系。九年义务教育的地理教学中所涉及的诸如区域地理位置的评价、合理开发利用自然理论资源、分析影响区域农业或工业生产的地理因素、保护自然环境和生态环境、防灾减灾等地理基础知识，以及绘制地图、地理野外考察和社会调查等地理基本技能，学生都可紧密结合乡土地理的学习应用于地理实践。

这样的地理实践，还有利于培养学生探究性学习能力。因为其打破了“封闭式”的传统的课堂教学模式，使学生可以在家乡的社会环境和自然环境中，通过自由选择家乡地理环境某几个要素或某一要素开展综合或专题的研究，这对培养他们的探究学习能力，无疑是极为有益的。

通过这样的地理实践，不仅有助于培养、增强学生的学习能力，而且还可在考察、调查等实践中，培养学生的社会责任感、同他人合作共事的精神、实事求是的科学态度等。

四、乡土地理教学对教师提出哪些要求？

乡土地理课程具有实践性、开放性、综合性的特点，对教师提出更高的要求。教师要熟悉家乡的地理环境，具备组织学生开展地理实践的能力，掌握科学解决地理问题的方法和研究问题的能力。

一说到家乡，作为教师的你便可如数家珍般地娓娓道来，这样，就可能以你对家乡的深情感染学生，激发学生深入了解家乡的情感。教师要善于捕捉学生的思想火花，能够帮助学生选择、确立研究而又是学生感兴趣的课题；教师要具备指导观察、调查、实验、搜集信息、绘制图表、数据统计分析、撰写调查报告等研究能力。在组织学生开展野外考察、社会调查中，教师不再是“教书匠”而是掌握科学方法的“探究者”。

第二节 乡土地理课外活动实施案例

探索和创新是人类的天性，正是由于人类具有这种不懈追求的精神，我们才拥有今天的文明。在中学教育阶段开展课外活动恰恰满足了学生的好奇心，下面将以案例的形式与老师们共同探讨乡土地理课外实践活动的实施建议。

一、从问题的发现到课题的选择

关注我们的家园——天津城区行道树观察与分析

“炎炎夏日，酷暑难耐，走在上学的路上我总期望有一片树阴遮挡骄阳，如果每一条街道都是绿树成荫，那该多好啊！于是我想到了城市绿化，想到了行道树”。

其实课题选择并非如上文叙述的那么简单，事实上这是一个循序渐进的过程。这个课题的诞生还缘于我与班上一名叫韩劲屹同学的探讨。

韩劲屹同学对大自然已经拥有了丰富的亲身感受。他在山西度过了快乐的童年时光，小时候，他很乐意去舅母家，因为舅母家位于山脚下，那里风景优美，尤其是夏季，花草茂盛一派生机，他和小伙伴经常玩得不亦乐乎。小学他跟随援藏的父亲来到青海，当他看到孟达天池，小小的心灵被震撼了，他是这样描述的——在海拔 2500 米的翠岭环抱中，有一个波光粼粼的湖泊。湖面之上，水汽氤氲，云雾缭绕，如经轮般在水面盘转。偶尔探头的鱼儿，无意间惊扰了仙境般的镜湖，荡起阵阵涟漪。环顾四周，古木参天，山林深碧一色，鲜花野草，争鲜斗艳。步入林中，目染翠绿葱郁，耳闻松涛鸟语，脚踏苔藓积叶，身拂野林山风，顿有超凡脱俗之感。这一印入我的记忆深处的美景，便是美丽的孟达天池。

然而，我们的城市虽然高楼林立，车水马龙，一派现代气息，却少了那份生命的绿色，大自然的奇迹！当韩劲屹同学与我探讨人类与自然的话题时，我惊奇地发现年龄相差近30岁的师生却感受相同。出生在大都市的我也拥有快乐的童年，一群小伙伴聚集在大杂院的槐树下追跑嬉戏，在胡同口的大柳树下讲鬼故事。如今那些大树早已不知去向，盛夏里的树阴竟成了都市人的奢望，不由得让人想到应该如何绿化我们的城市家园，在城市绿化中存在什么问题？那时恰逢天津市创建国家环保模范城市之际，于是我们将城市应当如何绿化作为探究的课题。

【点评】

发现问题的过程，就是我们对生活的体验和观察的过程。只要我们关注城市建设、家乡变化，关心身边事物，就可以从中找到合适的选题。

我带领韩劲屹等同学先后走访了天津市园林局、环保局、环境科学学院、天津农学院等相关部门的专家，目的是使提出的问题具有科学性及探究的意义。在求教中，专家们普遍认为“城市绿化”问题大而空，作为课题太泛，难以深入研究，不过，他们对韩劲屹勇于发现问题的精神给予了肯定，建议他选择与“城市绿化”相关的小而精的内容，这样有利于深入研究。专家推荐了大量国内外城市绿化生态建设的文献，我和韩劲屹在查阅和了解国际学术界前沿思想和成功案例的基础上，确立了城市绿化的基本理念：行道树的选择要坚持生态优先的原则，充分利用乡土树种，积极试种外来树种的原则。城市绿化要充分利用植物的自然生长力，减少人对植物的干预，尽可能地保护自然植被、原有植被，减少人工造景。最后，我们结合探究活动的主客观条件，确定了“天津城区行道树观察与分析”的课题。

一般说来，我们的课题都来自日常生活。要在这种习以为常的生活中发现和提出问题，就需要我们仔细观察、积极思考，从寻常现象中发现不

寻常之处，从看似已经解决的问题中找出未解之谜。借助校内外资源，乡土地理课外活动不仅满足了学生的好奇心，而且培养了学生发现问题、提出问题的能力。

（指导教师：天津市新华中学　刘路一）

二、参与实践活动案例分析

在现代城市里构建自然的水岸空间——天津津河与泰达河水生态环境的调查及对比分析

（指导教师：天津市新华中学　刘路一）

古人云："仁者乐山，智者乐水。"亲水、近水、观水是人类的天性，傍水而居已经成为时尚，水体景观也成为城市建设的亮点。在日常的观察中，我们会发现自己所在的城市多数河道水质较差，有的河段水体发黑发臭，还有的河段呈现绿色，几乎看不到鱼，虽然沿岸花红草绿一派生机，但河流令人感到沉闷缺少活力。从景观上看，很多河道都是水泥砌筑而成，形态千篇一律，已经难以称之为河，称之为"渠"似乎更为恰当。

为什么会出现这种状况？怀着好奇心，郭宏等同学与指导教师共同走访了天津市环保局、天津市环境科学研究院、南开大学环境与工程学院和天津泰达污水处理厂，了解相关的背景知识和理论。

【点评】

在专家和辅导老师的指导下查阅相关资料，学习相关理论和科学方法，了解现实生活中的成功与失败案例，逐步确立研究课题。

2005年3月24日中午，兰州大学生命科学院张正春教授致电《人民日报》反映圆明园湖底在铺设防渗膜："记者同志，请你赶快来看看！圆明园正在自毁自己的命根子！"

防渗膜由"一布一膜"构成：一层是塑料防滑膜，一层是特制的白色土工防渗膜。张教授说，对圆明园的天然湖底、河道进行如此严密的全部防渗处理，将导致两大严重后果：一是破坏圆明园的整体生态系统；二是破坏圆明园的古典园林风格。

1971年，耗资2400万美元、耗时9年、采用全水泥板铺装河道的佛罗里达州基西米引水河完工。可是，由于水泥河床对生态的破坏导致了河水水质严重恶化。1990年，基西米引水河不得不彻底重建，水泥板被拆除，河床恢复自然，但重建花的钱大大高出了建水泥河道的费用。这个例子只是国际上水利工程或城市治理河道走过的弯路的实例之一。

天津的津河原来是一条排污河道，2000年经改造后两岸坡面砌上石块，部分河段还在河底铺上了砂石混凝土，以防底泥的污染物释放。津河的水源来自海河，由于天津地区水资源严重缺乏，该河改造之后成为一个不流动的封闭水体，虽然初期水质有明显改善，但一段时间之后，水质明显恶化。根据2008年7～9月水样检测指标显示，津河已经达到或超过地表水V类标准，多数河段已经达到重富营养水平。对各采样点藻类的调查发现，各采样点均出现富营养化水体的指示藻种。津河水中生物种类极度贫乏，水生植物只有沉水植物菹草，几乎没有鱼、虾，即使人工放养的鱼虾也无法长期存活，物种相对单一，生态系统结构不完整，丧失了其应有的净化水体的作用。

泰达景观河道是在天津经济技术开发区内开挖的一条完整漂亮的景观河道，河水以再生水为水源，其和谐优美的水岸空间，为居民提供了绝佳的滨水休闲娱乐环境。

泰达景观河道的生态设计，其特点主要体现在以下两个方面：

1. 自然弯曲的流线型水流走向设计（见图）。在进行生态设计时特意在河道中规划了23个人工岛，使水流能够蜿蜒前进，接近天然河道的流态。

2. 有针对性的水深设计。河道设计按一定比例分为有利于

挺水植物恢复与生长的浅水区（小于0.3米），适合沉水植物生长的中间深度区域（0.3~0.7米）和最大水深区域（0.7米以上）是鱼类越冬的最佳场所。合理的高程设计为生物多样性提供了理想的自然环境。

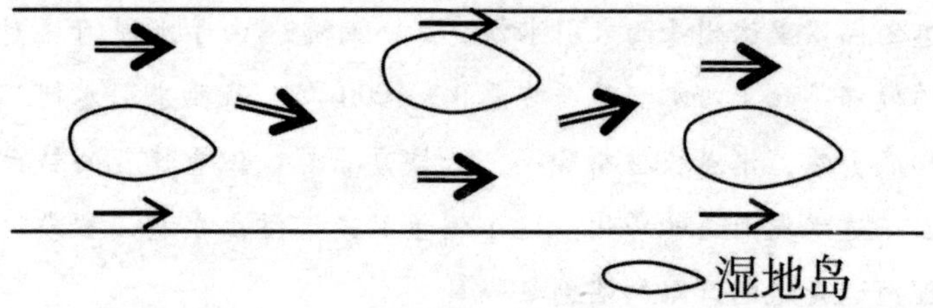

泰达生态河道水流走向设计图

生态护岸有多种类型，植物护岸是河流护岸中比较重要的一种形式，它充分利用护岸植物发达的根部、茂密的枝叶及水生护岸植物的净化能力，既可以达到固土保沙，防止水土流失的目的，又可以增强水体自净能力，非常适合于河岸较开阔、坡面坡度小的河道。

石笼护岸（金属材料编制的网筐内装碎石）具有抗冲刷能力强、整体性好、应用比较灵活、能随地基变形而变化的特点。同时又能满足生态的需要，即使是全断面护砌，也可为水生植物、动物与微生物提供生存空间。主要适合于坡面较陡的、河面较窄的河道的恢复，是城市景观河道护岸的常用类型。

在泰达河道生态工程实施前，该地几乎寸草不生，除发现零星碱蓬群落外，未见其他植物群落。2005年生态修复初期只选择几种耐盐植物，经过为期3年的自然修复演替，到2008年泰达河道及沿岸已发现野生植物60余种。

从上述案例可以看出，城市河道与堤岸改造经历了从自然——人工硬化——人工自然化的过程。这种发展变化过程也反映了在城市河流改造中，人们认识过程的不断转变和深化。

课题选择

在课题选择中，主要内容围绕家乡“城市河流河道改造前后生态环境的调查分析”课题的总体研究方向，同学们可以选择自己感兴趣的课题。

例如：

（1）改造前后水体水质及富营养化状况的对比分析。

（2）改造前后水质状况调查及生态净化植物选择探究。

（3）探究家乡河道生态修复的措施。

（4）城市景观河道修复对该城市生态环境的影响。

……

研究过程

1. 背景研究

搜集你要研究的城市河流河道改造前后的水文、水系特征及河道环境背景包括河流长度、起止点、水源、水面宽度、深度、流速、河水稳定性、河流流态、河底与护岸形式、流经地区的人口密度、生活与生产的污染源、生物种类及数量、河流抗干扰能力等。

了解研究河道功能的演变历史及河流在城市建设中的地位和作用。城市中的主河流地区，往往流经重要的历史文化街区，见证着城市的历史变迁。随社会的发展，河流的功能从水源地、动力源、航运、排污逐步向亲水、休闲、景观环境等进行转变。目前城市河流滨水地区的开发利用是城市新的经济增长点，能够带动周边地区的经济发展。

了解你即将研究河道改造前后采用的治理方案，参考目前国际上河道治理通常采用的技术方法，国内外的成功案例，我国城市景观河道治理的宏观规划及策略。

2. 调查分析

调查一条河流的生态环境，首先需要在河道上确定采样点，采集水样

并及时带回实验室进行水质检测及分析。

（1）水样的采集和保存

采样点的选取要能够反映本区河流水质的一般状况，采集时间一般安排在夏季。在采集水样前，应先用水样洗涤取样瓶及塞子 2 ~ 3 次，表层水一般要求采集距水面 10 ~ 15 厘米以下的水样。水深大于 5 米时，在水面下 0.5 米水深处及在距河底 0.5 米处各取样一个；水深为 1.5 米时，只在水面下 0.5 米处取一个样；水深小于 1 米时，取样点距水面不应小于 0.3 米，距河底也不应小于 0.3 米。河宽小于 50 米的河流要在河中心部位采集，实际操作时采集流速最快的水，详细内容参照国家环保局《水和废水监测分析方法》。

水样保存要避免阳光直接照射，因水温对水体水质和富营养化影响明显。

（2）水样测定

方法参见国家环保总局编制的《水和废水监测分析方法》（第四版）。通过对水样的基本水质指标和富营养化指标的定性、定量分析，来了解河流的污染情况。采样点基本水质指标包括溶解氧（DO）、氨氮（NH_3 - N）、高锰酸盐指数（COD_{Mn}）、生化需氧量（BOD_5）、悬浮物（SS）。河道各采样点富营养化主要测定指标包括氨氮（NH_3 - N）、总氮（TN）、总磷（TP）、及叶绿素 a（Chl - a）。

（3）河流及沿岸物种调查及生态效益分析

调查河流及沿岸野生动植物种类、优势种识别。因为城市河流滨河地带较窄，因此适宜采用目测盖度方法来统计优势种群。盖度指植物地上部分垂直投影面积占样地面积的百分比。优势种指对群落的结构和群落环境的形成有明显控制作用的植物种，他们通常是那些个体数量多，投影盖度大，生物量高，体积较大，生活能力较强的群体。

3. 反思（讨论与建议）

完成所研究的河流的调查报告和调查活动的体会。

【点评】

此项实践活动，使学生在理念上反思河流水体水质恶化的原因，明确河流的水质问题实质是水生态问题。河床与滨水地带的土壤、动植物、微生物等共同形成一个复杂的生态系统，其系统内部的生物、土壤、水文等各要素相互影响、相互制约构成地理环境的整体性。

若要获得健康的水环境，修复已退化的水生态系统，必须改善水生生物生存、生活和繁衍发展的环境。在能力上培养学生利用科学的水质监测方法，研究分析河流水质状况，提出改善城市河流水环境的方案。鼓励学生积极参与，解决身边实际问题，充分体现了新课程以培养学生创新精神和实践能力为重点的核心理念。在实践活动中，利于学生树立正确的环境观，即不能一味地将人的意识强加给自然，更应该遵从自然的过程，才能达到人与自然的和谐相处。

乡土地理实践活动充分体现了地理学科实践性和时代性的特点，目前一些教师对地理问题，还仅停留在“纸上谈兵”，认为这项工作很难，或者这是专家的事情，科学研究与日常教学无关，将教学活动与生活中的地理割裂开来，这是十分错误的。地理新课程的目标是培养学生具有作为一个公民所必需的地理科学素养，以培养创新精神和实践能力为重点，这一切都需要我们的中学地理教师跟上课程改革的步伐，主动参与课题研究，学习研究方法，培养学生发现、探究、解决身边实际地理问题的能力。

三、乡土地理调查报告（课题报告）撰写模式

让河流自由呼吸——津河水质状况调查及生态净化植物选择探究

课题人：田博男（天津市华宁中学九年级九班）

指导教师：刘路一（天津市新华中学高级教师）

摘要：本文首先分析了城市景观河道在城市建设中的重要地位，并对景观河道的改造误区进行分析。通过对天津市典型景观河道——津河进行了水体状况的调查，总结了津河水质恶化的主要原因。其次，对天津泰达生态河道及水上公园景观湖植物种类进行实地考察，对天津市水体环境的主要植物种类进行归纳。最后对津河水质净化植物的选择和生态修复方案的制定提出自己的建议，为津河景观河道的生态修复提供科学参考依据。

关键词：景观河道　水质调查　生态修复　净化植物

在日常的观察中，我发现自己所在的城市，多数景观河道水体经常发绿发暗甚至发黑，几乎看不到鱼虾。虽然沿岸绿化带上花红草绿一派生机，但河流令人感到沉闷缺少活力，为什么会出现这种状况？

带着一颗好奇心，我参加了学校环保小组，与辅导老师共同走访了天津市环保局、天津市环境科学研究院、南开大学环境学院和天津泰达污水处理厂，详细了解了相关的背景知识和理论。在此过程中，我有幸得到不少热心专家的指导，从而激发了我亲身参与实践的热情。

1. 城市景观河道的意义和问题

1.1 河流在生态城市建设中的地位和作用

城市中的主河流地区，往往衔系着城市重要的历史文化街区，是城市标志性的地区。城市河流滨水地区的开发利用是城市新的经济增长点，它能带动周边地区的经济发展。河流的功能从水源地、动力源、航运、排污逐步向亲水、休闲、景观环境、精神愉悦的需求转变。如果将河流沿岸植被作为城市的主要生态基础设施，那么它不仅是城市的景观绿地，还是城市生态网络中具有生态学功能的主要廊道。在城市中以河流为主体的生态廊道其主体由植被、水体组成。河流廊道的植被具有净化水质、保护生物多样性的生态效益及降低热岛效应、吸烟除尘、减弱噪声、涵养水源、保持水土、防风抗洪等环境效益。对于城市居民又是游憩、放松身心的场所，具有文化、经济效益。因此，河流廊道的建设对于提高城市环境容量、提高城市的综合竞争力起着举足轻重的作用。

1.2 城市景观河流改造的误区

近年来，我国的许多城市，特别是大中型城市，在城市河道的治理工程中，重复国际发达国家的老路，偏重考虑河道的防洪功能，片面追求河岸的“硬化”覆盖，淡化了河流的资源功能和生态功能，破坏了自然河流的生态环境，大量采用钢筋混凝土、块石护坡等直立护岸，使河流堤岸硬化、渠化。这种人造的亲水环境、人工与自然的比例不协调，破坏了原有的生态环境。再加上河流两岸土地的开发，水环境污染加剧使很多城市河流中鱼、虾等生物基本绝迹。取而代之的是，适应污染的各类底栖小生物类群占绝对优势，生物品种单一，破坏了正常河流的生物多样性。特别是一些对人类有益的或有潜在价值的物种也濒临消失，进一步恶化城市水环境，形成恶性循环。国家建设部仇保兴副部长曾指出，国内不少城市在对城市水系进行改造时，采取了错误的方式，“肆无忌惮地向城市的生态之魂开刀”。在天津的津河，同样的问题也明显存在。

2. 津河水质调查及分析

津河是海河的一条重要支流，全长18.5千米，河宽8米左右。原来是一条排污河道，2000年经改造后两岸坡面砌上石块，部分河段还在河底铺上了砂石混凝土，以防底泥的污染物释放。该河改造之后成为一个不流动的封闭水体，水源来自海河，由三岔口泵站提升后经南运河注入津河。

在津河设置5个采样点，从起点至终点依次为三元村桥、日环里桥、一中心、八里台桥、津海桥（下图）。从2007年7~9月进行连续监测，每两周采样一次，时间为每周日上午9：00~10：30。通过学习各个指标的测定方法和原理，并在实验室老师和研究生的指导下，我在天津市南开大学环境科学与工程学院城市生态环境修复与污染防治重点实验室中对各水质指标进行监测。测定指标包括氨氮（NH_3-N）、总氮（TN）、总磷（TP）、高锰酸盐指数、溶解氧（DO）、悬浮物（SS）、生化需氧量（BOD_5）及叶绿素a（Chl-a）。测定方法参见国家环保总局编制的《水和废水监测分析方法》（第四版）。

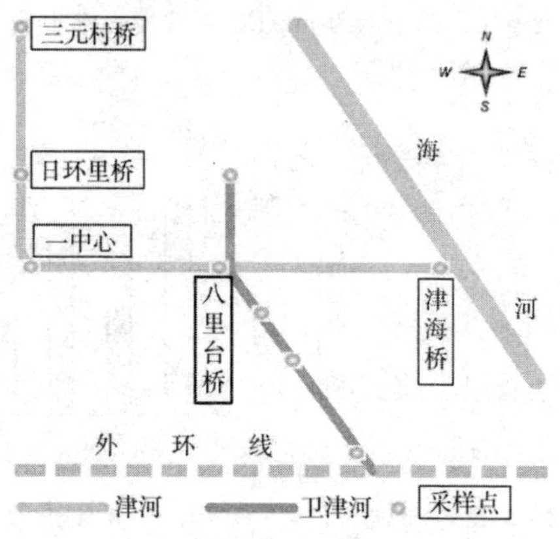

图1 津河采样点位置图

2.1 津河的营养状态

由表1可以看出，津河各采样点的氮、磷以及叶绿素a浓度均高于经

济合作与发展组织（OECD）的富营养标准。特别是总磷浓度，远远超出该标准。这表明，津河已经整体呈现富营养状态，而且多个点出现富营养化现象。对各采样点藻类的调查发现，各采样点均出现富营养化水体的指示藻种。例如，日环里桥出现大量铜绿微囊藻和水华束丝藻（固氮蓝藻），津海桥出现了小颤藻和螺旋藻，它们都是营养物质丰富的水体中常见的水华种类。

表1　津河各采样点富营养化指标

采样点	氨氮	总氮	总磷	叶绿素 a
三元村桥	2.64	5.68	0.63	101.1
日环里桥	4.51	6.28	0.49	79.7
一中心	4.15	5.99	0.52	96.3
八里台桥	4.80	6.46	0.57	99.0
津海桥	6.83	7.99	0.99	101.5
平均值	4.58	6.48	0.64	95.5
富营养标准	——	1.875	0.03~0.1	78

注：叶绿素 a 单位为 g/L，其余均为 mg/L；富营养标准来自 OECD。

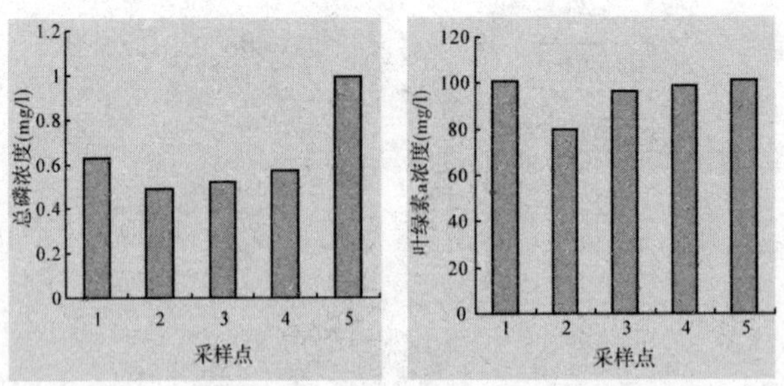

图2　津河各采样点总磷浓度（左）和叶绿素 a 浓度（右）变化图

2.2 津河水质状况分析

从表2可以看出，津河各采样点的多个水质指标均超过 IV 类标准，表明津河整体上处于V类水质。各指标中，氨氮超标最为明显，所有采样点均超过V类水标准（≤2.0mg/L），即达到劣V类水平。尽管表2中溶解氧的平均值未超过IV类标准，事实上在夏季（尤其是7、8月份），部分采样点溶解氧极低，甚至为0。

根据现场观察发现，大规模降水后河水中飘浮较多的污染物，显然一部分是来自生活污水（夹杂卫生纸之类污物）。由表2可知，三元村桥和一中心SS平均浓度较高，其中三元村桥可能长期受企业含铁类废水污染，一中心则受生活污水影响较大。津海桥SS平均浓度最低，其中重要原因之一是该点距离海河闸门较近，大量降水后闸门开放，含污水的河水排放后SS降低。

表2　津河各采样点基本水质指标

采样点	溶解氧	氨氮	COD_{Mn}	BOD_5	悬浮物
三元桥	5.19	2.64	9.9	6.28	11.5
日环里桥	4.78	4.51	10.2	8.04	10.6
一中心	5.43	4.15	10.6	8.66	11.4
八里台桥	4.54	4.80	10.7	7.05	10.2
津海桥	3.57	6.83	11.8	6.59	9.5
平均值	4.70	4.58	10.6	7.32	10.6
IV类水	≥3	≤1.5	≤10	≤6	——

注：为制表方便，此处高锰酸盐指数简写为COD_{Mn}；表中各指标单位均为mg/L；水质标准依据《地表水环境质量标准》(GB3838－2002)。

2.3 津河水质恶化原因

津河的多项指标已达到或超过地表水V类标准，表明津河多个河段水质较差。由总氮、总磷、叶绿素a和高锰酸盐指数等数据，计算出各采样点的综合营养状态指数（TLI），结果显示各采样点的TLI均在70以上（TLI>70为重度富营养），津河多数河段已经达到重富营养水平。

评价结果显示，津河水质已严重恶化，多项指标已达到或超过地表水V类标准，水体富营养化水平很高。根据实地调查及水质指标的测定，总结津河水质状况恶化的主要原因如下：

（1）由于地形等原因，津河景观河道部分河段水面较窄，水体流动性较差，使水体的环境容量受到限制，且难以抗拒外部环境的扰动，水体缺乏稳定性，极易因为环境变化而出现水质恶化。目前，津河等主要景观河道均使用外来水源补给，来水的缺乏导致津河经常处于静止状态，过长的水力停留时间成为水质恶化的重要原因。

（2）在传统的河流治理观念下，河道护岸多使用钢筋混凝土、块石等直立护岸，河流完全被渠道化。导致津河河岸植物群落陆地生态系统与河道水生生态系统被阻隔，破坏了自然河流的生态链和原有的水岸生态平衡。由于河岸的生态作用越来越小，使河段的自净能力越来越低，河流水质恶化。

（3）降水引起的地表径流以及部分河段的违章排污导致局部河段水质较差。由于河道两侧人口密集，所受到的环境压力较大。进入水体的污水往往带有大量的耗氧有机物，使得水体中的溶解氧迅速减少，出现发黑发臭现象。污水中带有的大量氮、磷，致使河水中藻类大量繁殖并不断分解，从而加剧水质的恶化。

（4）前津河滨水区人工绿化的景观环境是完全孤立于津河河道水生态系统的。河道与滨河地带的生物链被毁灭性的阻隔，破坏了它们之间的物质联系。虽然河流两岸的绿化带花草繁茂、绿树成荫，但水质仍然很差，发黑发暗，缺少生命力。因此，滨河绿化带建设应以绿化生态效益为根本。

3. 津河沿线生态修复思路

城市景观水体有利于增加居住环境的湿度，减少浮尘、改善小气候、增强居住的舒适感；同时，可以为人们营造回归自然的气氛，带来精神上的享受。但是，如果景观水体水质恶化，就会带来负面效果。在当前形势下，城市建设追求的最终目标是什么？是对经济利益无穷尽的追求，还是创造更宜居的城市环境，这是我们面临的选择。毋庸置疑，“创造更宜居的城市环境”是城市更新建设的最终努力方向。天津津河地区作为城市主要河流廊道，其生态保护的重点就是对水体水质、滨水自然生态环境及生物多样性的保持。

3.1 典型景观水体滨水植被调查

从生态学角度来看，津河生态修复植物选择要坚持因地制宜，注重乡土植物的原则。乡土植物能较好地适应本地气候、土壤等条件，管理粗放成本低，因此选择乡土植物作为先锋植物，易建立起河流稳定的生态系统。因此，我于2008年10月在泰达污水处理厂及南开大学环境科学与工程学院专家教授的指导下，并通过很多研究生哥哥姐姐的帮助，对天津经济技术开发区（泰达）生态景观河道沿岸植被和天津市水上公园的植物物种进行调查，掌握了对野生植物种类、盖度、优势种识别、目测和统计的方法。

（1）泰达景观河道植被调查

泰达再生水景观河道建立在一片海侵盐碱地滩涂上，利用泰达污水处理厂再生水为补给源开挖的一条人工景观河道。其营造的和谐优美水岸空间，为居民提供适宜休闲的滨水区域。在生态工程实施前，该地几乎寸草不生，除发现零星碱蓬群落外，未见其他植物群落。

2005年河流运转初期，生态修复优选的耐盐植物只有几种。陆生先锋植物物种有盐地碱蓬、碱蓬、柽柳；挺水植物物种有水葱、扁杆镳草、香蒲、美人蕉（混合流湿地岛或浮岛用水生植物）以及芦苇；沉水植物有川曼藻和篦齿眼子菜。截止到2008年10月，经过为期3年的自然修复，河岸周边植物种类从最初的几种演替到现在的60余种。滨河地带陆生植物目测盖度上居多的种类有：柽柳，藜科的碱蓬、盐地碱蓬、中亚滨藜、菊科的碱菀、苣荬菜，茄科的枸杞，禾本科的狗尾草以及苋科的一些种类，伴生有桑科的葎草，蓼科的酸模叶蓼，藜科的东亚市藜，锦葵科的苘麻等。沉水植物在数量上以篦齿眼子菜、菹草、狐尾藻等为主；挺水植物占优势的为芦苇、香蒲、三棱草，目测盖度达80%以上；其中

伴生有一定数量的红蓼和三棱草、水葱等耐盐碱的乡土植物。物种多样性明显增加，生长旺盛，繁华的都市中野趣的滨河景观已经形成。

(2) 天津水上公园水生植物种类调查

据水上公园柳工程师介绍：水上公园湖面开阔，其开发前是一片水稻田，地形呈漏斗型，湖水主要靠自然降水和地下水补给，水体水质依靠自然循环得以净化。湖泊中物种广泛分布的有20多种，详见表3。

表3　天津水上公园常见水生植物种类

荷花	天屈菜	黄菖蒲	鸢荾	慈姑
梭鱼草	香蒲	水葱	芦苇	莎草
野生水花生	泽泻	美人蕉	睡莲	浮萍
芡实	水鳖	狐尾藻	金鱼藻	菹藻

从以上的实地物种调查和分析可以总结出天津市的滨水环境本土物种具体有哪些。同时通过查阅资料发现，不同植物对不同水体环境下不同指标的净化效果有很大差异，因此在选择物种时必须根据水体环境选定相应的植物种类，这为津河河道生态修复先锋植物的优选提供重要参考依据。在我们的调查过程中，天津市园林绿化研究所为我们推荐了部分适合天津地区滨水区域生态修复使用的水生景观植物种类（表4）。

表4　适合天津生长的水生景观植物种类

荷花	睡莲	萍蓬草	荇菜	水鳖
菖蒲	水葱	梭鱼草	欧洲大慈姑	千屈菜
芦荻	芦苇	花叶芦苇	金叶芦苇	花叶芦竹
泽泻	黄菖蒲			

调查的同时，我通过收集数据和查阅大量研究资料，发现不同植物对不同指标的净化效果也不同。如美人蕉对氨氮去除效果很好，但对总氮、硝态氮、总磷和正磷酸盐去除效果一般。水葱和香蒲对各种形态的氮、磷

都显示了较好的去除率，其中香蒲对磷的去除率可以达到90%以上。同时，有研究者在实验室条件下证实四种沉水植物（川蔓藻，蓖齿眼子菜，金鱼藻，狐尾藻）对河道再生水中氨氮和正磷酸盐都具有较好的去除效果，去除率均达到90%以上，对总氮和硝态氮的去除率较低，为20%~55%。

3.2 津河生态修复植物选择

城市景观是城市最具特色的地区，其环境品质的塑造反映了城市居民的文化素养与审美情趣，是城市竞争力的重要标志。从景观学角度选择观赏性强的原则。通过选择具有观赏价值的植物材料，能有效地提高绿化效果，体现地方性，丰富河岸景观的作用，打造城市景观特色。

为打造津河野趣盎然的河流景观，营造“始为江山静，终防市井喧”的城市宜居环境，我对津河生态修复先锋植物的选择提出一点建议。为更好地起到护岸固堤效果，建议选择垂柳、白蜡、紫穗槐、柽柳、桧柏等根系发达的树种。滨河地带植物建议选择：美人蕉、益母草、龙葵、枸杞、酸模叶蓼、红蓼、裂叶牵牛花、萝藦、车前草、腋花苋、苘麻、碱蒿、苣荬菜、星星草、野牛草、苜蓿等。挺水植物推荐：荷花、水葱、花叶芦苇、香蒲、菖蒲、梭鱼草、花叶芦竹、天屈菜、鸢萎等。沉水植物推荐：篦齿眼子菜、金鱼藻、菹藻、狐尾藻等。漂浮植物推荐：睡莲、萍蓬草、荇菜、水鳖、泽泻等。

荷花

睡莲

碱菀

香蒲

3.3 津河生态修复思路

20 世纪 60 年代美国著名景观规划师麦克哈根提出“设计遵从自然”的景观规划理论同样适合于城市规划，尤其在城市河流廊道的滨水区的设计，更应该遵从自然的过程。因为要获取健康的水环境，只有修复已退化的水生态系统。河床与滨水地带的土壤、动植物、微生物等共同构成一个复杂的生态系统，其系统内部的生物、土壤、河水等各要素相互影响、相互制约进行着物质循环和能量转化，这样河流水体才能不断得以更新，水质得以保持。

很多发达城市改造城市河道与堤岸都经历了自然——人工硬化——人工自然化的过程。这种发展变化过程反映了在城市河流改造中，人们认识过程的不断转变和深化。目前发达国家已经普遍进行河流回归自然的改造，使填埋的河流重见天日；将裁直的河流重新改成几近自然的蜿蜒曲折形；将硬化的河岸重新“软化”，等等。目标是改善水生物生存、生活和繁衍发展的水环境。目前城市河流生态恢复技术在国内外有很多成功的案例。

津河砌石护岸

德国恢复了河床和河岸生态的河道

城市景观河流以净化水质和满足防洪要求为前提，建设生态护岸为主导。对于已经形成的硬质河道进行生态改造，重视河流两侧绿化带的建设，使之成为具有生态意义的绿色生态廊道。自然的水系是一个生命的有机体，河道的自净能力来自于自然的河道中大量的生物，如植物和微生

物，它们均有降解污染有机物的作用。同时，水体中及两岸的植物还可以向水里补充氧气，促进水体的自净能力。经过一年多的调查，我逐步形成了利用生态技术改造津河的设计理念：将其现存的砌石护岸和混凝土铺垫的河底揭开，让河流自由呼吸，生态护岸。在河岸两侧加宽绿化带或缓冲带，使其达到可以自然恢复稳定的生态系统的宽度，先锋植物的选择要坚持乡土植物的原则，建立起多样自然的系统，从而净化水质，提高水体环境承载力，达到人与自然的和谐相处。

4. 体会

在本次活动中，通过对天津市津河水体水质状况的调查，我了解到城市景观河道水质状况，并实地考察了泰达河道的生态修复工程，重点对泰达生态景观河道沿岸植被中的野生植物种类进行调查。通过以上活动，使我认识到河流的水质问题是水生态问题，生态问题应该用生态方法来解决。要获得稳定健康的自然水环境，只有修复已退化的水生态系统。在河流生态系统中，河水与河床、河岸、滨河地带的土壤、动植物、微生物等共同构成一个庞大而复杂的生态系统，其系统内部的生物、土壤、河流、地下水等各要素相互影响、相互制约，进行着物质循环和能量转化，这样河水才能不断得以更新，水质得以保护。通过这次生态调查，我从书本上学到的东西得到了应用，深刻地理解了水资源是在循环中再生，保持水质就是要保护水生态系统这一重要理念。因此，在我们的实际生活中，不能一味地将人的意识强加给自然，只有在不违背自然生态系统发展的前提下建立起多样自然的系统，才能达到人与自然的和谐相处。

附表：

泰达河道湿地岛及滨河地带植物种类

科名	中文名	科名	中文名
萍科	紫萍	柽柳科	柽柳
桑科	葎草	萝藦科	萝藦
马齿苋科	马齿苋	旋花科	裂叶牵牛花
蔷薇科	朝天委陵菜	紫草科	砂引草

续表

科名	中文名	科名	中文名
唇形科	益母草	车前科	车前
香蒲科	拉氏香蒲	鸢尾科	马蔺
茄科（共2种）	龙葵	眼子菜科	菹草
	枸杞	黑三棱科	篦齿眼子菜
蓼科（共2种）	绵毛酸模叶蓼	苋科（共2种）	凹头苋
	酸模叶蓼		腋花苋
莎草科（共3种）	褐穗莎草	菊科（共8种）	苍耳
	头穗莎草		刺儿菜
	荆三棱		大青蒿
锦葵科（共3种）	锦葵		阿尔泰狗娃花
	苘麻		黄花蒿
	野西瓜苗		碱菀
藜科（共7种）	东亚市藜		苣荬菜
	灰菜		蒲公英
	盐地碱蓬	禾本科（共10种）	矮生型苇子
	碱蓬		白茅草
	中亚滨藜		稗
	藜		大画眉草
	猪毛菜		狗尾草
豆科（共5种）	草木樨		虎尾草
	长萼鸡眼草		芦苇
	野绿豆		星星草
	紫苜蓿		盐沼芦苇
	紫穗槐		野黍子

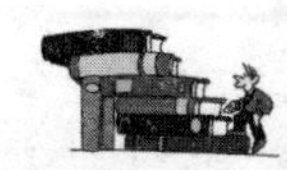

第三章 新课程标准与地理教师专业化发展

第一节 教师即研究者

在中小学地理教师中，不乏钻研教材、研究学生、尝试各种教学方法、探究教学策略的优秀教师。如何教得更好？如何教得更有意思？是每一位教师的追求目标。为了满足学生的学习需要，赢得学生的喜爱，教师在教学过程中自始至终从事着探究活动。

新课程标准更关注学生的个体发展，与此相应，教师应尊重学生的人格，关注个体差异，满足不同需要，研究与掌握学生的心理发展规律，寻找适合学生的教学策略与模式。因此，教师的教学过程包含了教师对学情的调查和研究过程。

一、创设探究学习的教育环境

在教学实施中，地理教师最具创造性的工作是设计能引导学生主动参与的教育环境。通过教师精心设计的“地理科学活动”、“探究性问题”，是激发学生学习热情，培养学生学习能力，使每个学生都能得到充分发展的前提条件。下面是一个教师创设的探究学习的经典案例：

城市位置的学习

一个已经学习了东南各州的社会和经济地理这个传统单元的六年级实验班，开始学习北方中央地区，学生要在一幅绘着自然特征和自然资源但没有地名的地图上找出这个地区主要城市的位置。最后在课堂讨论中，学生很快地提出许多有关部门城市建设要求的似乎合理的理论：一个水运理论，把芝加哥放在三个湖的汇合处；一个矿藏资源理论，把芝加哥放在默萨比山脉附近；一个食品供应理论，把一个大城市放在衣阿华州的肥沃土地上，等等。

城市的分布是区域地理学习的一个基本内容，一般都是通过读图、填图或教师讲解的方法落实。不论哪种方法，城市都是作为一个既定事实出现的，学生的任务只是认识它的分布和性质。在上述案例中，使“某个城市位置”第一次成为一个未知的问题，即学生面临的不是在地图上找出现成的“芝加哥”，而是去设计“芝加哥”应该在哪。这是教师创造性的设计，把对区域的探索建立在问题的基础上。

如果用于探究的问题具有以下特点，会使区域地理学习有较强的探究性：①学生有兴趣去探究；②学生有“空间”去探究；③学生有能力去探究；④对学生来说，该问题有意义去探究。教师若要设计出具有探究性的问题，需要在日常的工作中做大量的教学研究。

二、终身学习追踪学科前沿

依据地理课程标准，教师在地理教学中，要充分关注“生活地理”和“对终身发展有用的地理”内容，要提供给学生与其生活相关和反映全球变化形势的地理知识。地理学科应用性和开放性的特点，使教师教学的自主发挥空间扩大了，教师要把课上得精彩，就需要对相关的知识掌握得足够深，足够广，才可能在教学过程中对知识信手拈来，使教学过程张弛有序。“要给学生一杯水，自己要有一桶水”。教师专业化发展需要终身学习，跟上时代，扩大视野，放眼国际，瞄准前沿，及时了解地理学科与教育发展的新进展。下面是中学教师跟踪地理学科前沿的经典案例：

耕地资源

在“中国的自然资源”章节已经学习了我国的自然资源总量

丰富人均不足的内容，了解到中国耕地面积居世界第四位，但人均耕地面积只有世界平均水平的1/3。开始学习我国耕地后备资源匮乏以及目前我国土地利用中存在着诸多问题，各类土地资源都不同程度地遭到破坏。例如，在天津大港区被石油污染的土地，大面积无法继续耕种的农田，令人十分震惊。我国占世界7%的耕地养活22%的人口，可见保护耕地的重要性。怎样治理受石油污染的土地？这个问题在教学实施中，很自然地被生活在油田地区的教师和学生提出。

指导学生学习“土地资源”的课前，教师需要搜集治理土壤原油污染的主要方法、措施及其应用前景的相关资料。目前国际治理土壤原油污染的主要方法有物理化学法和生物修复法。

物理化学法，也就是将化学添加剂加入到受污染的土壤中，之后通过离心分离的设备将土壤中的石油分离出来，这样去除污染物且阻止原油的迁移，进而达到修复土壤的目的。尽管这种以物理方法为主，化学添加剂为辅的方法也可以获得较好的除油效果，但由于化学破乳试剂的二次污染问题，限制了其应用。

破乳剂的作用是将土壤上的油滴乳化，破坏油滴与土壤的亲和力，使之变成乳状，再通过离心作用将油滴从土壤中分离出来。该方法的缺点是：无法完全去除污染，最好的离心机也只能将含油率降到5%，不能彻底去除污染物；添加的化学试剂会在土壤中残留，对土壤形成二次污染；要建设专门的装置场地，还要对大量被污染土壤运输和堆积，处理费用很高。

生物修复技术，其中效果显著的是生物氧化法，通过植入微生物，在微生物作用下，将土壤中的石油氧化成二氧化碳和水，消除土壤中的原油污染，使土壤恢复到原来的环境状态，不会形成二次污染。生物降解油类主要通过好氧微生物的降解作用产生细胞体和CO_2来完成。也就是说微生物通过生命活动“吃掉”原油并将其分解为CO_2+H_2O，这是个非常复杂的过程，可用以下公式来表示：

石油类物质 + 生物 + O_2 + 氮源 ⟶ CO_2 + H_2O + 副产物 + 细胞体

相关资料显示：降解微生物的有效工作温度为 5 ~ 50℃，在 35℃时效果最佳；在低于 5℃时，微生物进入休眠状态，当环境温度适合时，降解过程完全可以恢复和继续。

欧美发达国家从 20 世纪 80 年代中期就对生物方法治理污染进行一系列研究并取得了可喜的进展。受石油污染的土壤采用生物治理技术，已经进入了实用阶段，成为环境修复技术新的发展趋势。

在我国，生物治理技术仅处于研究和小型试验阶段，1998 年中科院沈阳应用生态研究所在辽河油田开展了被原油污染土壤修复技术小型试验，其研制的降解微生物虽然对于原油具有一定的降解作用，但未能大面积推广应用。同时，中科院成都生物技术研究所也致力于高效石油降解微生物的研究工作，目前正处于研究阶段。

地理课程的实施是一个研究摸索的过程，仔细、全面地研究学生特点、教材内容、课程标准、自身特质以及其他教学环境，对教师来说，不是“能不能”和“要不要”的问题，而是如何研究的问题。

第二节　教师研究的路径和方法

研究是人类对未知事物的一种态度，人们对研究的理解大致可以分为狭义与广义两类。所谓狭义的研究就是把研究理解为专业人员如科学家、教授等，所从事的科研活动，是一种学术性研究。但如果认真分析我们的日常用语，又会发现，我们经常所说的“研究”往往不是指学术性科学研究活动，而是指一般性的探究活动。

中学教师的研究既不同于专家的科学研究，也不是具体的感性探究，对于教师来说，能否改进具体的教学实践，提高学生的素质，是教师研究的重点。教师如何开展教学研究，怎样才能具有研究能力，实现从“传授型”向“研究型”的角色转变，是中小学教师普遍关注的问题。目前教师开展教学研究的主要路径有：自我反思、同伴互导、专家引领。下面与老师们共同探讨教学研究的一般方法。

一、自我反思是研究的基础

自我反思是对问题的深度思考，孔子曰：“吾日三省吾身。”苏霍姆林斯基说：“教育，首先是活生生的、寻根追底的、探究性的思考。”自我反思追求的正是这样的思考品质，它力图回到问题的原点，顺藤摸瓜、寻根究底，而不是浮光掠影、浅尝辄止；它不满足于既定的结论，而是敢于对那些“习以为常”的道理提出质疑。在教学过程中，教师一般采用如下三种反思方式：事件记录式，与他人比较式，自我批判式。

在教学实践中，教师经常以事件记录形式自我反思，如：这节课上，我在情境创设、问题设计、引起动机、课堂组织、环节过渡、重点把握、难点突破等方面处理得怎么样？事件记录形式的反思是原生态性质的，是能够放大揭示问题意义细节的，是教师积极主动的反思，是教师研究的开始。

与他人比较形式的反思，是从不同的视角发现并澄清自己的问题或优势。如果说事件记录是为了积累自身的直接经验，与他人比较是为了分析自己的片断经验，那么自我批判则立足于经验之上的理性加工。

面对一个教学事件或情境，批判反思不仅仅关注它的现象和过程，更关注它的根源和背景，关注它与别的事件或情境的联系，关注经验背后的诸如规律、信念等理性的东西。例如观摩同一节课，一般老师最可能关注的是这节课“教了什么”，“是怎么教的”，而专家教师更多考虑的则是“为什么这么教”。前者关注的是技术，而后者在关注技术的同时，还考虑到支撑的教学理念。下面是有关科学发展史的教学案例：

地球的形状

这节课的教学目标是使学生受到地球科学发展史教育，教学重点并没有放在认识地球的形状上，而是把重点放在“提出证据说明”上。因为，地球是球体这样的结论，在今天来看很容易得出，可是在人类的历史上，祖先们为摸索地球的形状而经过了漫长、艰苦的探索和实践。教师要创设出对先人尊重科学追求真理敬意的教学环境。

人类对地球形状的认识过程如下：

古代人受活动范围的限制，凭直觉认为大地是平的，天空是一口倒扣着的锅。如我国古代有“天圆如张盖，地方如棋局”的说法。

随着人们视野的扩大，人们臆想大地是一只倒扣的盘子，天像一顶半圆的斗笠。

后来，人们根据太阳、月亮的形状，推测地球是个球体，于是就有了“地球”的概念。如我国古代天文学家张衡认为“天之包地，犹壳之裹黄”。

1519～1522年，葡萄牙航海家麦哲伦率领的船队，首先实现了人类环绕地球一周的航行，证实了地球是一个球体。

20世纪，人造地球卫星拍摄的地球照片，确证地球是一个

球体。

说明地球是球体的证据：

在海边看到有帆船从远方驶来，总是先看到桅杆，再看到船身。这说明海面是曲面。

站得高看得远，说明大地也是曲面。

月食是地球的影子遮挡了月球。从月食的过程可以判断地球是球体。

自我反思对教师教学研究和专业发展具有重要意义。美国学者波斯纳（G. J. Posner）于1989年提出了著名的教师成长公式：经验 + 反思 = 成长。所以说，自我反思是提升经验的桥梁，是锤炼思维的工具。一个研究型的教师首先是一个有思想的教师。

二、专家引领提高研究的有效性

专家引领在教师教学研究、专业发展等方面具有自我反思、同伴互导所不可替代的作用。有些复杂的问题，仅靠自我反思、同伴互导仍然不能解决。当教师因某个问题不得其解而处于困惑时，专家给予的启发、点拨可以使教师破解问题、消除困惑。教师就教学实践与研究中重大的问题，需要专家提供思维方法的引领，以寻求问题方向性的、观念性的解决。下面是专家引领课堂分析案例：

分解课堂

要观察课堂，首先要分解课堂。我们一向熟悉的课堂，面对“分解”两字，顿时又陌生起来了。我们一直茫然地不知道脚要往哪个方向迈，是教授一次次指点，我们最终拿出拆分课堂的四种分解思路：

1. 依据新课程理念，切分为师生关系、教学互动、主动探究、预设生成、回归生活、合作学习、信息技术与学科整合、多元评价等八个维度；

2. 依据课堂教学的主体、客体的互动关系，切分为教师、学生、教学信息、教学媒体等四个维度；

3. 依据课堂教学的执行流程，切分为教学目标、教学重难点、教学方法、教学手段、教学过程、教学组织、教学评价等七个维度；

4. 以教学的基本范畴，切分为教学结构与教学组织、教学理念与教学要素、教学设计与教学操作、教学预设与教学生成、静态教学与动态教学等五个维度。

教授应邀来到学校，听完汇报，不急不躁地说："课堂是为了什么？教师的教为了什么？一句话，为了学生的学习。我们能否从影响学生课堂学习的因素有几类出发来思考课堂分解问题呢？"后来，我们知道，这叫原点思考。依据这种思考方式，我们将课堂教学分解为学生学习、教师教学、课堂性质、课堂文化四个维度。

这一刻，我们真切体悟到"科学就是使复杂的事情简单化"的内涵，才明白什么叫专家思维。

新的基础教育课程体系，以培养学生创新精神和实践能力为重点，为了将这一理念落实到教学实践中，教师需要参与专家引领下的教学研究、课题研究以提高地理学科素养。教师只有学习科学研究问题的方法，才有可能培养出具有创新精神的人才。下面是一个测定土壤盐碱化程度的实验方法的案例：

土壤水溶性盐总量的测定

说明一个地区土壤的盐碱化程度，仅靠土壤 pH 值是不够的，土壤含盐量是测定土壤酸碱度的重要实验数据，教师要加强学习，要知道这一点。

通过检索资料和专家的指点，选定采用《土壤农业化学分析方法》中的电导测量方法测量土壤中的全盐量。通过测定土壤水溶性盐分，为在盐碱土种植品种的选择，以及落实土壤改良措施

提供重要依据。

电导法原理：土壤水溶性盐是强电解质，其水溶液具有导电作用。在一定的浓度范围内溶液的含盐量与电导率呈正相关。将土壤中的水溶性盐以一定的水土比浸提到水中。土壤水浸液中盐分浓度愈大，溶液的导电能力（电导率）也愈大。因此土壤浸出液的电导率的数值能反应含盐量的高低。水浸液中盐分的浓度与该溶液的电导率呈正相关，用已知土壤的含盐量与其相应的电导率作标准曲线，然后用电导仪测定未知土壤浸液的电导率，查标准曲线即可得土壤的盐分含量。

与其他研究一样，教师的教学研究也必须遵循基本的教育科学研究方法和规范。教师从事教学研究一般需要包括五个步骤：发现问题，分析与选择问题，制定研究计划，实施研究计划和收集数据，回答和解决问题。

有的教师可能会提出一个非常尖锐的问题，专家在哪里？这需要你用心寻找，校内有你的教学师傅，校外有教研员，书籍中有大师和你交谈，你也不妨回到母校，向你的老师求教，不妨关注国家级的重大课题，等等。提到研究有的老师还可能会抱怨，日常教学很紧张没有时间，其实不然，研究是一种态度，研究并非是高深莫测的，作为教师的你需要更多的是转变观念。试想，如果能与专家分享你的问题，也许专家的只言片语就能点燃你智慧的灯火，远离“教书匠”走向专家型教师，将教学与科研熔为一炉，边实践边创新边总结，不仅推动地理课程改革的深入，而且提高自己的研究能力与教学能力。

其实，作为一名老师，不论人生有多精彩，也不论人生有多无奈，千万不要失去自己的思辨能力，要用反思和质疑不断为人生作出选择和判断，学习做一个不仅有学识，而且有见识的教师。

第四章　经典教学案例设计

第一节　地　　图

一、课题

人教版　七年级　第一章　第三节　地图

二、内容标准

（1）运用地图辨别方向、量算距离、估算海拔与相对高度。

（2）根据需要选择常用地图，查找所需要的地理信息，养成在日常生活中运用地图的习惯。

（3）知道电子地图、遥感图像等在生产、生活中的用途。

三、教材分析

地图是地理学习、日常生活必备的工具。学会从地图中提取信息，将生活中的空间、事物展现在地图上，有助于找出地理现象的空间联系，为学习区域地理打下基础。

四、学情分析

学生在生活中使用过地图，小学阶段初步了解地图及其相关知识

（如：比例的数学含义，普通地图定向等），本课重点学习地图的基本要素，重点培养学生阅读地图、使用地图和绘制地图的能力。

五、教学目标

目标类型	目标内容
知识与技能	①了解地图的基本要素。 ②掌握判断方向，比例尺计算，查找图例。 ③了解地图的分类。
过程与方法	①在地图上判断方位，寻找目标。 ②在地图上利用比例尺测量距离。 ③在地图上阅读图例提取有用信息。
情感、态度和价值观	①学生运用地图，培养自觉搜集信息的习惯。 ②学生感知各类电子地图，自觉融入信息化社会。

六、教学重点和难点

（1）比例尺的应用。（其中，比例尺对地图的影响是难点）

（2）方向的判断。（其中，指向标地图定向是难点）

七、教学方法

本课主要使用情境教学法。通过模拟的旅游活动，提高学生的兴趣，在解决问题的过程中，学生会自觉运用地图知识，提高阅读地图、使用地图和绘制地图的能力。

八、教学过程

教学流程	教师活动	学生活动	设计意图
导入	展示：北京天安门广场、奥运“鸟巢”图片，播放《北京欢迎你》的伴奏音乐。 看到这些建筑物，听到这首音乐，我们会想到哪个城市？	北京。	运用图片、音乐将学生带入情境。
	2008年北京举办奥运会，吸引了大批游客，大家想不想也去北京玩一玩？	想去（学生的注意力和兴奋程度得到提升）。	
	Let's go! 头脑风暴：要是不熟悉北京的位置和去北京的路线，我们该怎么办呢？	查地图，用车载导航仪（教师可以让学生描述车载导航仪的组成结构，找到与地图的联系，将学习主题返回地图）。	
	看来，地图是生活中必备的工具。下面我们来应用地图到北京旅游。		进入主题。
活动1：在教师指导下，了解地图分类，了解比例尺对地图的影响，运用比例尺计算距离。	展示中国气候图、中国地形图、中国地图、北京市略图。 从天津到北京，我们需要看哪张地图？	北京市略图。	通过阅读图名，简单了解地图的种类，学会选择地图。

续表

教学流程	教师活动	学生活动	设计意图
	为什么不选择中国地图？ 除了内容，同样大小的北京市略图和中国地图在范围上有哪些差异？ 造成这两个方面差异的原因是什么？ 展示“地图的基本要素”，学生自学“比例尺”的概念。 请大家判断同样大小的北京市略图和中国地图的比例尺有哪些差异？受其影响，两图展示的范围和内容的详略程度有哪些差异？	中国地图的有用信息太少。 中国地图范围大，北京市略图范围小。 比例尺不同。 北京市略图比例尺更大，表示范围更小，内容更详细。	研究比例尺的大小对地图的影响。
	教师打开“百度电子地图”展示中国地图。 从中国地图变换到北京市略图，我们在电子地图上如何操作？ 那么随着地图放大，比例尺会产生怎样的变化？	放大地图。 比例尺变大。	通过电子地图，将比例尺的变化形象化。
	头脑风暴：从北京市略图中，我们可以找到哪些有用信息？ 下面通过师生对话详细解释这些有用信息。	北京相对天津的方位，天津到北京的直线距离，天津到北京的交通运输方式，天津到北京的路程。	综合考察学生已有的阅读地图能力。

续表

教学流程	教师活动	学生活动	设计意图
	北京相对天津的方位是怎样的？你是怎样确定的？ 展示“普通地图的八个方向”。 对于没有方向标记的普通地图，这个规则是适用的。 这张图中有经纬线，前面我们学过经纬度的变化规律与方向是有关系的，请大家根据图中北京的经纬度，判断以下经纬度代表天津的是： A. 117°E，39°N　　B. 117°E，41°N C. 115°E，39°N　　D. 115°E，41°N 并解释理由。 （由于图中经纬线比较平直，基本与上北下南左西右东相对应，所以不必重新用经纬网定向，只需了解经纬度随方向的变化规律即可）	北京在天津的西北方向。上北下南左西右东。 117°E，39°N，东经自西向东经度数字递增，北纬自南向北数字递增；西经、南纬则反之。	了解普通地图和经纬网地图定向。
	展示首尔地铁站图。 从奥林匹克公园到蚕室，应乘坐哪条地铁，向哪个方向运动？ 展示地球经纬网图，读出A、B两点的经纬度，判断B点相对于A点在哪个方向？	沿地铁5号线从奥林匹克公园向北到江东，再向西到千户，再沿地铁8号线从千户到蚕室。 A点的经纬度为20° E，20° N，B点的经纬度为40° E，60° N，B点位于A点的东北方向。	反馈普通地图和经纬网定向的方法。

续表

教学流程	教师活动	学生活动	设计意图
	从图中看出，天津到北京我们可以利用哪种交通运输方式？ 你是怎样看出来的？ 展示“常用的图例”。 这张图中还用到了哪些图例？	铁路。 根据图例。 省界、城市、河流。	应用图例提取信息。
	天津市区到北京市区的直线距离和铁路路程分别是多少？请介绍计算方法。 （教师应提示：路程往往不是直线距离，需要分成几个直线线段分别测量图上距离，再相加）	120千米，144千米。先测量图上距离，再除以比例尺。（学生往往会认为实地距离是图上距离乘以比例尺，教师应提示学生比例尺是图上距离与实地距离的比值）	应用比例尺计算实地距离和路程。
过渡	下面我们自己来寻找后面的旅游线路。		
活动2：学生分组独立完成任务，巩固比例尺、方向判断的知识。	设置两个旅游活动。 活动（1）阅读北京市地图。 ①观察北京城市道路网图，从北京南站到北京动物园门口（在西三环路上最近的立交桥处）沿哪个方向走哪条路线（走最近路线）？路程有多少千米？ ②根据遥感卫星图，请在北京城市道路网图中，用符号“▲”标注“鸟巢”所处的位置。	学生用红笔在课本图中画出路线，并用投影仪展示。 沿南二环向西走，到丽泽桥路口，再沿西三环路向北走。约11.5千米。 在北京北部，北四环路与地铁线的交口处。	设置情境，布置任务，学生合作研究，学生上台展示。

续表

教学流程	教师活动	学生活动	设计意图
	(2) 阅读北京动物园地图。 ①从大门(道路正东的出口)到大象馆沿着哪个方向走,遇到岔路再向哪个方向走,总路程是多少米(走最近路线)? ②如果大象馆在狮子馆正东方向,如何添加指向标(参考图片"地图的基本要素")修改北京动物园地图?修改后长颈鹿馆在黄牛馆的哪个方向? 教师可以指导学生模仿普通地图定向,旋转课本,将大象馆放在狮子馆的右侧(表示大象馆在狮子馆的正东),向上画指向标即表示正北。同样,指向标的正北方向保持朝上,按照普通地图定向,长颈鹿馆在黄牛馆的西北方向。	向西南,再折向南,遇到路口向东。约414米。 指向标箭头指示右上方。 西北方向。	设置情境,布置任务,学生合作研究,学生上台展示。
总结本课	地图基本要素——比例尺、方向、图例 ←应用— 阅读地图、绘制地图		教师总结本课的知识要点。
拓展本课	绘制新华中学简图,如何获取数据? 两个小组分别用实地测量和遥感卫星图片,绘制新华中学的校园地图。看谁准确?	实地测量,测量遥感卫星图片。	综合应用地图的基本要素。

九、反思

地图涉及学生的空间思维能力,尤其是将真实的立体空间向纸张平面空间缩小、转换成图例表达的过程,对于七年级学生尤其重要,最好能让学生先走进某一生活社区,绘制地图,再让其他同学拿着自己绘制的地图

回到原生活社区，看是否能顺利找到某个地方。然后，学生回到课堂，将自己在实践中产生的问题与老师交流，进而在对绘图、识图方法纠错的过程中提高学生的地图能力，然后再回到生活中检验自身的地图能力。这样，则更符合从实践到理论的认知顺序。

十、点评

本课情境贴近学生生活，特别是北京旅游活动则体现了解决生活问题的全过程。本课设定的独立探究活动很好地融入了地图的基本要素，同时将选图、读图、用图、绘图相融合，设定的任务难度合理，取得良好效果。本课充分利用了教材提供的素材，而且利用谷歌卫星地图，提供更加接近生活的素材，提高了学生的学习兴趣。本课教师能根据学生的课堂生成设置问题，将学习不断深入，很好地体现了教师的主导作用。

第二节　世界的气候

一、课题

人教版　七年级　第一章　第二节　世界的气候

二、内容标准

（1）在世界气候分布图上说出主要气候类型的分布地区。

（2）举例分析纬度位置、海陆分布、地形等对气候的影响。

（3）举出日常生活中的实例，说明气候对生产和生活的影响。

三、教材分析

气候与天气既有联系，又有区别，澄清两者的差异，学生能正确描述某地气候。气候综合气温、降水两大要素，在学习气温、降水的基础上研究气候，是对本章内容的总结。气候与人类生产、生活密切相关，了解世界气候为研究人口、聚落的分布、特征提供背景知识。

四、学情分析

学生已经学过天气的要素，气温、降水的分布规律，以及影响气温、降水分布特征的因素，本课要重点学习世界气候的分布规律以及影响气候分布特征的因素，培养学生综合分析的能力。

五、教学目标

目标类型	目标内容
知识与技能	①了解世界气候的分布。 ②举例分析纬度位置、海陆位置、地形对世界气候的影响。 ③了解气候对人类生产、生活的影响。
过程与方法	①按照不同区域尺度研究全球气候的分布规律。 ②通过气候统计资料，描述气候特征，比较不同地区气候差异。 ③在了解世界气候分布，比较各地区气候差异的基础上，探究纬度位置、海陆位置、地形对气候的影响。
情感、态度和价值观	①运用气候统计资料比较各地区气候差异，培养学生的科学态度。 ②通过列举人类与气候之间相互影响的例子，渗透“人地关系”思想。

六、教学重点和难点

(1) 描述气候特征。

(2) 世界气候的分布及其影响因素。(难点)

七、教学方法

本课主要使用案例分析法和学案导学法。通过案例，激发学生的学习兴趣及了解生活中的应用。学案是指导学生建构知识的学习方案，有助于配合教师开展课堂活动，有步骤地研究世界气候的分布规律，并及时反馈教学效果。

八、教学过程

教学流程	教师活动	学生活动	设计意图
导入	教师举例：最近天凉了，为何我们进屋后感觉很暖和？	供暖了。	用生活实例进入本课的主题——世界的气候。
	天津每年供暖时间是怎样的？	通常是从 11 月 15 日到转年 3 月 15 日。	
	我国东北长春的供暖期比天津如何？请解释原因。 如果学生认为是天气，教师则需强调供暖期在每年比较固定的时间提示学生。	长春的供暖期更长。两地气候不同，长春的寒冷时期更加漫长。 教师可以再补充：长春的供暖期从 10 月 25 日到转年 4 月 10 日。	
	教师展示图片“北方面食”和“南方米食”，冬季“哈尔滨冰灯”和“昆明世博园花卉”的图片。		
	展开头脑风暴：举例说明气候对我们生产、生活有哪些影响？ 教师应鼓励学生多举例子，最好对比举例，体现不同地区气候差异。	南方气温、降水均高于北方，南方是水稻主产区，北方是小麦主产区。哈尔滨冬季寒冷，有冰灯；昆明四季长春，适合花卉生长。火炕适合东北寒冷的气候，竹楼适合云南炎热潮湿的环境。	
	我们感到气候与人类生产、生活关系密切。今天，我们进入“世界的气候”。		进入主题。

续表

教学流程	教师活动	学生活动	设计意图
活动1：学会描述气候特征。	展示亚马孙热带雨林的景观图（配合伊基托斯热带雨林气候统计图）和撒哈拉沙漠的景观图（配合埃及热带沙漠气候统计图）。 请同学们扮演以上地区的导游向游客介绍当地的气候情况。 在学生描述气候特征之前，安排“步骤1”至“步骤2”为学生做好知识、方法准备。		教师创设情境。
	步骤1：我们已经熟悉天气预报，请大家对比天气与气候的区别？	从要素、时间段和变化情况三方面对比天气与气候的差异（具体详见导学案答案）。	通过对比天气、气候明确气候的时间尺度（导学案第1题）。
	步骤2：通过气候统计图，我们看到气候主要包括哪些要素？ 如何阅读气候统计图？ 教师可提示：请大家关注1、7月份的气温和降水，分别代表冬季、夏季。	气温和降水。 曲线图代表12个月份的气温，气温的高低观察左侧的纵坐标；柱状图代表12个月份的降水量，降水量的多少观察右侧的纵坐标。	教师引导学生观察气候图统计图。

续表

教学流程	教师活动	学生活动	设计意图
	学生描述如果不准确，教师可以适当给予纠正：气温的高低，教师可以在15℃、0℃上画横线，并指出冬季最低气温高于0℃代表温暖，反之寒冷；夏季高于15℃代表炎热，反之凉爽。而降水则要观察季节分配是否均匀。 展示温带落叶阔叶林的景观图（配合北京温带季风气候统计图）和亚马孙热带雨林的景观图（配合伊基托斯热带雨林气候统计图），让学生准确描述北京的气候特征。	伊基托斯：终年高温多雨；埃及：终年炎热干燥（或终年高温少雨）。 北京：夏季炎热多雨，冬季寒冷干燥。	学生准确描述气候特征（导学案第2、3题）。 反馈训练（导学案第4题）。
过渡	我们发现世界各地的气候有明显的差异，下面我们来研究世界气候的分布。展示世界气候分布图。 教师安排“步骤1”至“步骤3”引导学生按照从大到小三个不同“尺度”观察世界气候的分布规律。		
	步骤1：请大家分析热带、温带、寒带气候有哪些差异？并解释原因。	世界气候的分布见导学案答案。 从热带到温带再到寒带气温递减，受纬度位置影响（可以提及五带太阳光照的差异）。	在全球范围研究气候分布。
	步骤2：请大家将温带气候按照顺序填入亚欧大陆的“大陆东岸”、“大陆西岸”和“大陆内部”。 展示亚欧大陆气候分布图，分析从沿海向内陆气候有哪些差异？并解释原因。 拓展问题：为什么赤道附近的大陆在不同的海陆位置气候差异不明显？ 如果学生一时难以回答，教师可提示学生观察大陆的东西宽度，不必强求答案。	温带气候的分布见导学案答案。 从沿海向内陆降水逐渐减少，受海陆位置影响。 赤道附近大陆东西宽度窄。	在大陆范围研究气候分布。

续表

教学流程	教师活动	学生活动	设计意图
	步骤3：刚才我们按照纬度位置、海陆位置填入世界气候，有哪种气候无法归入？它的分布受哪个因素影响？ 展示青藏高原和成都平原的景观图。青藏高原的气候特征怎样？并分析原因。 展示喜马拉雅山降水示意图，该山南、北两坡降水差异怎样？并分析原因。 教师提示学生观察喜马拉雅山南坡是迎风坡。	高原山地气候。 地形。 青藏高原气温低，是由于海拔高。南坡降水多于北坡，南坡是迎风坡。	在局部地形区研究气候分布。
	(1) 青藏高原纬度较低，但是气候寒冷。(2) 海南岛终年如夏，降水较多，黑龙江省北部冬季漫长，多冰雪。 (3) 新疆塔里木盆地气候干燥，同纬度的北京气候比较湿润。	地形。 纬度位置。 海陆位置。	反馈巩固。
总结本课	气候 —要素— 气温、降水 ←分布— 纬度位置、海陆位置、地形		
拓展本课	出示案例1：我国北方地区冬季气候寒冷、漫长，但郊区却能生产反季节蔬菜，如：黄瓜、西红柿。为什么？ 出示案例2：出示近百年来全球气温变化图：近百年来，世界气温变化有何趋势？请解释主要原因。 请大家讨论人类如何正确处理与气候的关系？	通过温室大棚，充分利用太阳辐射能量。 气候变暖趋势加剧。人类排放大量温室气体。 只要符合“人地和谐发展”即可。	

九、反思

本课的课程目标包括：在世界气候分布图上说出主要气候类型的分布地区。举例分析纬度位置、海陆分布、地形等对气候的影响。举出日常生活中的实例，说明气候对生产和生活的影响。因此，在教学中，应当让学生从衣食住行等各个方面充分讨论气候与人类生产、生活的关系，由此辨析天气与气候的异同。再通过读图、填图，同学之间互相检查、竞赛，让学生掌握世界气候类型的分布。再通过一些生活中的案例，通过比较位置，让学生归纳影响气候的主要因素。

十、点评

本课选用的案例涉及供暖、旅游等生活的各个方面，通过对比举例很好地体现了气候差异。本课在研究世界气候类型过程中，按照全球——大洲——局部地形区不同尺度让学生对世界气候类型的分布有了比较清晰的认识。教师通过比较各地世界气候类型的气候类型的特征，归纳世界气候的差异，进而比较影响气候的主要因素，充分体现了地理学科比较的方法。本课对课堂教学及时反馈训练，还为学生留有拓展思考空间，教学效果较好。

附件

导学案

1. 比较天气与气候的差异

比较项目 / 比较内容	时间段	变化情况
天气		
气候		

2. 根据多年月平均气温、降水量图，对伊基托斯气候特征的描述最恰当的是：

3. 根据多年月平均气温、降水量图，对埃及气候特征的描述最恰当的是：

____

4. 根据多年月平均气温、降水量图，对北京气候特征的描述最恰当的是：

____

5. 将世界气候按照五带分类

分布地区	气候类型
热带	
温带	
寒带	

6. 将温带气候按照亚欧大陆的东岸、西岸、内陆分类

分布地区	气候类型
大陆东岸	
大陆内部	
大陆西岸	

7. 分析以下气候特征的形成原因：

（1）青藏高原纬度较低，但是气候寒冷：________

（2）海南岛终年如夏，降水较多，黑龙江省北部冬季漫长，多冰雪：________

（3）新疆塔里木盆地气候干燥，同纬度的北京气候比较湿润：________

导学案答案

1.

比较内容＼比较项目	时间段	变化情况
天气	短时期（以天、小时、分钟为单位）	不断变化
气候	多年的天气平均状况	比较稳定

2. 伊基托斯：终年高温多雨

3. 埃及：终年炎热干燥（或终年高温少雨）

4. 北京：夏季炎热多雨，冬季寒冷干燥

5.

分布地区	气候类型
热带	热带雨林气候、热带草原气候、热带沙漠气候、热带季风气候
温带	地中海气候、温带海洋性气候、温带大陆性气候、亚热带季风气候、温带季风气候
寒带	寒带气候

6.

分布地区	气候类型
大陆东岸	亚热带季风气候、温带季风气候
大陆内部	地中海气候、温带海洋性气候
大陆西岸	温带大陆性气候

7. （1）地形　（2）纬度位置　（3）海陆位置

第三节　欧洲西部

一、课题

人教版　七年级　第八章　第二节　欧洲西部

二、内容标准

（1）在地图上找出某一地区的位置、范围、主要国家及其首都，读图说出该地区地理位置的特点。

（2）说出某一地区最有影响的区域性国际组织。

三、教材分析

欧盟是世界政治、经济一体化的体现，是最有影响力的区域性国际组织。通过本课能引导学生关注其他区域性国际组织。本课是本节的第一课时，从研究欧盟成立条件的基础上初步认知欧洲西部的社会经济特征。

四、学情分析

学生已经学过东南亚、中东，掌握了一些了解地区的基本方法，同时，也对欧洲西部国家、欧盟有一定的了解，本课重点学习欧盟的影响及其形成条件，培养学生的综合分析能力和归纳能力。

五、教学目标

目标类型	目标内容
知识与技能	①了解欧洲西部地区的范围、位置，在地图上找到主要国家及首都，认识本区重要的地理环境特征。 ②了解欧盟在本区内的作用以及在世界经济和政治领域的重要地位和作用。 ③了解欧盟的形成条件。
过程与方法	①学会运用资料、图表说明欧盟在本区内的作用以及在世界经济和政治领域的重要地位和作用。 ②学会运用资料、地图归纳欧盟的形成条件。
情感、态度和价值观	通过了解欧盟的形成培养学生的全球意识。

六、教学重点和难点

（1）了解欧洲西部地区的范围、位置，在地图上找到主要国家及首都，认识本区重要的地理环境特征。

（2）了解欧盟在本区内的作用以及在世界经济和政治领域的重要地位和作用。

（3）了解欧盟的形成条件。（难点）

七、教学方法

本课主要使用案例分析法和学案导学法。通过案例，激发学生的学习兴趣及了解生活中的应用。学案是指导学生建构知识的学习方案，有助于配合教师开展课堂活动，有步骤地研究世界气候的分布规律，并及时反馈教学效果。

八、教学过程

教学流程	教师活动	学生活动	设计意图
导入	展示世界球星在“五大联赛”中的风采照片。 我知道很多同学都喜欢看足球比赛，世界上有“五大联赛”，球星云集，十分精彩，大家知道这“五大联赛”与哪五个国家相关么？ 大家知道这些国家所在的大洲么？ 展示欧洲地图。 大家能指出这些国家具体在欧洲的哪个位置么？	学生兴趣盎然。 意大利、英格兰、西班牙、德国、法国。 欧洲。 西欧、南欧等等。 只要能说出大致位置即可。	用足球运动激发学生兴趣，进入本课的主题——欧洲的西部。
	其实，这些国家都位于欧洲西部。今天，我们来学习欧洲西部。		进入主题。
活动1：描述欧洲西部的位置和范围。	展示图片“欧洲西部的位置”。 我们来回忆一下欧洲的范围。亚洲、欧洲的分界线是什么？ 欧洲在这条分界线的哪一侧？ 除了亚欧大陆的主体部分以外，欧洲还包括哪些半岛和岛屿？	乌拉尔山、乌拉尔河、里海、大高加索山脉、黑海、土耳其海峡。 西侧。 除了亚欧大陆的主体部分以外，欧洲还包括斯堪的纳维亚半岛、伊比利亚半岛、亚平宁半岛和巴尔干半岛；以及周边的大布列颠岛、爱尔兰岛、冰岛等附近岛屿。	复习欧洲的范围。

续表

教学流程	教师活动	学生活动	设计意图
	展示欧洲地图。 欧洲西部指除去原苏联加盟国家（俄罗斯、白俄罗斯、乌克兰、爱沙尼亚、拉托维亚、立陶宛、摩尔多瓦）以外的欧洲西半部分。其中包括：西欧、南欧、北欧、中欧。 为什么要除去原苏联加盟国家？ 那么欧洲西部国家呢？ 请大家来描述欧洲西部的经纬度位置，并用其所在的大洲和附近的海洋来描述它的海陆位置。 大家看到欧洲西部主要由哪些国家组成？ 欧洲西部国家的面积十分狭小，其中的大国像法国、西班牙比四川省（48.5 万平方千米）略大一些，而德国则不如云南省大；当然，还有很多世界闻名的袖珍国家（如：梵蒂冈 0.44 平方千米，摩纳哥 1.9 平方千米）。	它们是社会主义国家。 它们是资本主义国家。 （为后面分析欧盟的形成条件做好铺垫。） 经纬度位置：35°N～70°N，20°W～30°E 海陆位置：亚欧大陆的西部，西临大西洋，北临北冰洋，南临地中海。 法国、西班牙、德国、英国等。	指明欧洲西部的位置、范围。
过渡	随着“冷战”的结束，欧洲各国政治、经济联系更加密切，一个生机勃勃的区域性国际组织诞生了。大家猜它是什么？	欧洲联盟，简称欧盟。	

续表

教学流程	教师活动	学生活动	设计意图
活动 2：研究世界气候分布及其影响因素。	展示图片“欧盟的旗帜”，欧盟的发展情况。 我们有许多同学查阅了与欧盟相关的一些资料，下面让他们来给我们讲一讲欧盟的发展历史和基本情况。	欧盟现有 27 个成员国。分别为：英国、法国、德国、意大利、荷兰、比利时、卢森堡、丹麦、爱尔兰、希腊、葡萄牙、西班牙、奥地利、瑞典、芬兰、马耳他、塞浦路斯、波兰、匈牙利、捷克、斯洛伐克、斯洛文尼亚、爱沙尼亚、拉脱维亚、立陶宛、罗马尼亚、保加利亚。欧盟的盟旗是蓝色底上的十二星旗，普遍说法是因为欧盟一开始只有 12 个国家，代表了欧盟的开端。欧盟 27 国总面积 432.2 万平方千米。	熟悉欧盟的背景知识。
	欧盟成员国中绝大部分是欧洲西部国家，但是其中还包括前苏联加盟共和国爱沙尼亚、拉托维亚、立陶宛以及亚洲的塞浦路斯。那么这些国家为什么要加入欧盟呢？ 不急于让学生回答。	学生陷入沉思。	

续表

教学流程	教师活动	学生活动	设计意图
	展示图片“欧盟成员国密切的联系”和“欧盟进出口占世界的百分比”。 我们知道：一个国家要加入欧盟，要通过公民投票决定的。假设你是法国公民，你是否同意爱沙尼亚加入欧盟？ 请同意或不同意的同学各自找临近的同学讨论理由。 （在学生阐述阶段，教师要注意让学生运用比较的方法。比如：我们到欧洲旅游、购物、工作、医疗，与欧盟内部成员国的人民有何区别？欧盟单独某个成员国和欧盟整体在世界上的地位有何区别?）	请同意的同学举手。 学生可以从欧盟给人民生活带来的便利和在世界经济中所占的巨大比重这两个方面来描述欧盟带来的影响。	分析欧盟的影响。
	展示世界人种分布图、世界语言分布图、世界宗教分布图，人均GDP世界排名。 作为一名中国公民，你是否同意我国加入欧盟？ 请同意，或不同意的同学各自找临近的同学讨论支持自己观点的理由。 （教师要让学生畅所欲言，学生可能会因生活方便同意加入欧盟，教师要引导学生关注中国与欧盟国家在社会制度、综合国力、经济发展程度、人种、语言、宗教等各方面的差异。）	请同意的同学举手。 中国是社会主义制度，欧盟国家是资本主义制度；中国在面积、人口、自然资源上远超欧盟国家；中国是发展中国家，欧盟大多是发达国家；中国是黄种人，欧盟是以白种人为主；中国以汉语为主，欧盟通用英语；中国的宗教状况复杂，欧盟国家多信奉上帝。	分析欧盟的形成条件。

续表

教学过程	教师活动	学生活动	设计意图
	展示世界区域性国际组织分布图、世界人种分布图、世界语言分布图，世界宗教分布图，人均 GDP 世界排名。 请同学生们根据前面的资料，解释世界其他区域性国际组织的成立条件。	学生可以从社会制度、综合国力、经济发展程度、人种、语言、宗教等各方面来论述阿拉伯国家联盟、东南亚国家联盟的成立条件。	反馈本课知识。
总结本课	欧盟东扩 对成员国的影响　在世界上的经济地位 相关　相关 欧盟 （=欧洲西部大部分国家+爱沙尼亚、拉托维亚、立陶宛+塞浦路斯） 内部合作（条件）　对外竞争 欧洲西部 (=欧洲-前苏联加盟共和国）		

九、反思

本课应当加大课堂容量，比如：在讨论欧盟形成的条件时，为了体现其经济发达的特征，就可以将欧洲西部的农业、工业发展机械化、集约化的特征融入其中。本课难度不大，教师可以提供充分的资料，可以将学习任务进行分组，采用小组合作的方式进行探究，采用角色扮演的方式进行展示（如：模拟某个国家加入欧盟的全民公决），学生能在师—生，生—生充分地交流中加深对知识的理解。

十、点评

本课从认识区域的位置开始，很好地体现了区域地理的学习方法。本课对欧盟的作用的研究融入了学生的日常生活，同时，运用图表分析和比较的方法，则更加直观。本课对欧盟形成条件很好地融入了七年级上册关于文化地理的知识。最后，让学生将本课的研究方法投入到对其他区域性国际组织的研究中，很好地体现了学以致用的思想。

第四节　气候多样，季风显著

一、课题

人教版　八年级　第二章　第二节　气候多样，季风显著

二、内容标准

运用资料说出我国气候的主要特征及其影响因素。

三、教材分析

气候是影响我国自然环境地区差异的重要因素。本节为后面研究中国土地资源、水资源的特点提供背景知识。本课是本节的第二课时，着重分析我国气候季风显著的特征，为第三课时“气候多样”做好铺垫。

四、学情分析

学生已经学过中国气温、降水的分布规律并归纳气候特征的方法，本课要结合季风环流、海陆位置分析季风气候的成因，还要分析季风区与农业种植区、水旱灾害区的空间联系，培养学生综合分析的能力。

五、教学目标

目标类型	目标内容
知识与技能	了解中国季风气候的特征以及成因。
过程与方法	①通过阅读气候统计图，归纳我国季风气候的特征。 ②结合季风活动规律和海陆位置，分析季风气候的成因，明确季风区、非季风区的范围。
情感、态度和价值观	①分析气候统计资料能培养学生的科学态度。 ②通过列举气候对人类的影响，渗透“人地关系”思想。

六、教学重点和难点

（1）归纳中国季风气候特征。

（2）分析中国季风气候的形成原因。(难点)

七、教学方法

本课主要使用案例分析法和启发式教学。通过案例，激发学生的学习兴趣及了解生活中的应用。启发式教学通过一些列引导性问题使学生逐步认识季风气候的成因，搭建知识结构。

八、教学过程

教学流程	教师活动	学生活动	设计意图
导入	教师举例：我国北方很多房屋是南北朝向，为了冬季防寒，需要在房屋哪一侧加装双层窗户？ 为什么？那么夏季呢？ 海河防汛、抗旱分别在哪个季节？其他我国东部地区的河流（如：黄河、长江）又怎样呢？为什么？	北面的窗户。 冬季常刮偏北风（风向大致准确即可）。夏季盛行偏南风。 一般夏、秋季防汛；冬、春季抗旱。同样，降水集中在夏、秋季（学生能答出夏季是汛期，冬季干旱即可）。	用生活实例进入本课的主题——季风气候显著。(在实例的选取上，突出：季风的风向，季风对降水季节分配的影响。)
	可见，中国的气候有明显的规律性，对我国的生产、生活产生巨大影响。今天我们来学习“季风气候显著”。		进入主题。
	成语“风调雨顺”是什么意思？ 还有哪些类似的成语呢？ 学生说不出则由教师举例。 下面我们就来研究风与气候的关系。 (为了突破本课的难点，分步骤教学如下。)	学生能大体说出风与降水有关即可。 如：五月南风遭大水，六月南风海也枯（浙江、广东）。	创设情境。

续表

教学流程	教师活动	学生活动	设计意图
活动1：分析季风气候成因及其影响范围，搭建知识结构。	气流的性质可以分为：冷、暖、干、湿。 夏季，我们站在空调前，迎面吹来的风你感觉如何？ 当我们走进正在使用的浴室，扑面的风冷暖干湿性质如何？ 展示冬、夏季风示意图。 请大家判断我国冬、夏季的风向是怎样的？ 风向随季节有规律改变的风，我们称其为季风。 演示图片“冬季风”、“夏季风”。 冬、夏季风的源地在哪里？其冷暖干湿性质有何差异？其对经过地区的气候有何影响？	是干冷气流。 是暖湿气流。 冬季风主要是偏北风（或西北季风、东北季风），其源地是高纬度的内陆地区，属冷干气流，对经过地区起到降温降湿作用。夏季风主要是偏南风（或东南风、西南风，其中以东南风为主）。 冬季风的源地是高纬度的内陆地区，属冷干气流，对经过地区起到降温降湿作用。夏季风的源地是大洋，属暖湿气流，对经过地区起到增温增湿作用。	从生活中体验气流的冷暖干湿性质，明确季风性质。

续表

教学流程	教师活动	学生活动	设计意图
	每年5月，夏季风在东南沿海登陆，这里最早进入雨季。当夏季风势力增强时，会逐步北上，与南下的冷空气相遇，会形成大范围的雨带（锋面雨）。随着夏季风进退，雨带也会随之进退。 演示夏季风进退和雨带变化的动画。 如果学生难以理解，教师应对此进行比喻：类似于两军对垒，当红军（夏季风）强势时，其占领区（雨带）范围会扩大。 展示5月、6月、7~8月、9月的雨带图（不标注月份，顺序打乱）。 5~8月，随着夏季风势力增强，雨带的范围向哪个方向扩展有怎样的变化？9月，随着夏季风势力减弱，雨带的范围怎样变化？ （教师补充：10月夏季风撤离大陆，雨带也随之撤离。）	学生观察雨带总体的变化趋势。 将各月份雨带图与对应月份进行连线。 5月在东南沿海，6月扩展到长江中下游地区，7~8月扩展到北方，9月迅速南撤。	通过教师演示动画，学生要弄清各月份雨带范围的变化。这是本课的核心内容。
	展示广州、北京、乌鲁木齐的气候统计图与中国地图（标注三个城市）。 请根据以上三个城市降水季节分配特征解释连线的原因。	将广州、北京、乌鲁木齐的气候统计图与这三个城市进行连线。 乌鲁木齐不受夏季风影响，雨带难以到达，因此各月份降水都少。广州、北京受夏季风影响，降水集中在夏季，其中，广州	利用雨带范围的变化解释季风气候降水分配的季节特征。

续表

教学流程	教师活动	学生活动	设计意图
	展示中国年降水量分布图，解释形成我国降水分布规律的形成原因。	受夏季风影响时间长，因此，雨季更长。 我国雨季从东南向西北递减，所以年降水量从东南向西北递减。	
	展示中国地形图。 请在中国地形图上绘出季风区、非季风区的分界线，指出季风区、非季风区的分布位置。 教师应提示学生以下要点： (1) 除了青藏高原以外，以大兴安岭、阴山、贺兰山为界，将我国分为季风区和非季风区。 (2) 季风区指受夏季风影响明显的地区（与雨带范围基本一致），非季风区则反之。 为什么界线以西不能收到夏季风影响？	学生以大兴安岭、阴山、贺兰山为界绘出季风区、非季风区的分界线。界线以东是季风区，以西是非季风区。 受海陆位置和地形影响。界线以西距海遥远，且受山脉阻挡，夏季风难以到达。	利用雨带范围的变化解释季风区的范围。
过渡	掌握了我国季风风向、季风气候的特征及其分布区，我们运用这些知识来分析下列实际问题。同位两个同学为一组，对问题进行抢答。看哪个小组能运用知识解决更多的问题。		

续表

教学流程	教师活动	学生活动	设计意图
活动2：评价我国季风气候对生产、生活的影响，由此反馈本课所学知识。	下发讨论材料，供学生小组讨论。 (1) 展示郑和下西洋航海图，学生判断郑和舰队起航、返航的季节。	冬季刮偏北风，冬季起航。夏季刮偏南风，夏季返航。	反馈季风风向。
	(2) 展示长江中下游平原的“鱼米之乡”和阿拉伯半岛灌溉农业的景观图，上海和麦地那的气候统计图，学生分析造成两地景观差异的原因。 (教师提供水稻习性资料。)	我国南方属于季风区，雨热同期，适合水稻生长，河流年径流量大，适合发展渔业。而阿拉伯半岛终年炎热干燥，水源短缺，需要灌溉。	反馈季风气候的对亚欧大陆降水分配的影响。
	(3) 展示中国降水分布图和农牧业景观图，学生分析长城成为农牧业分界线的根本原因，以此巩固我国季风气候的成因以及对降水分布的影响。 (教师提供我国干湿地带分布图和景观图。)	长城恰好在季风区和非季风区的分界线上。长城以南受夏季风影响，降水丰富；长城以北不受夏季风影响，降水较少。	反馈季风气候对对我国降水分配的影响。
	(4) 展示北京降水年际变化图，并分析其与水旱灾害的关系，研究我国东部降水年际变化大的原因。 (教师应提示学生：夏季风活动不稳定：有时来得早，退得晚；有时来得晚，退得早。)	夏季风来得早，退得晚，年降水量大，容易形成水灾；夏季风来得晚，退得早，年降水量小，容易形成旱灾。	在了解夏季风对我国气候影响的基础上，深入研究季风活动不稳定对降水年际变化的影响。

续表

教学流程	教师活动	学生活动	设计意图
	(5) 提供我国与世界纬度相近地区气温的比较资料，学生分析季风对气温的影响。 在以上案例的基础上，教师鼓励学生展开头脑风暴举出其他相关例子。	受冬季风影响，我国是世界同纬度地区最寒冷的地区；受夏季风影响，我国是世界同纬度地区（除沙漠地区以外）最暖热的地区。	根据季风的冷暖性质分析对我国气温的影响。
总结本课	季风—性质、活动→气温、降水的空间分布；气温、降水的季节变化；降水的年际变化		教师总结本课的知识要点。
拓展本课	针对季风气候对我国生产、生活的影响，我们如何因地制宜，趋利避害？	如：因地制宜发展农业；加强水库建设，防洪抗旱等。	渗透“人地关系”思想。

九、反思

教师在充分指导学生的同时，应赋予他们更大的自由度，可以将学习任务进行分组，如：农业灾害防治组、水利工程组等，将季风气候的相关材料分发给学生，针对季风气候对生产、生活的影响，反向分析季风气候的特征，再研究季风的性质、方向，最后归纳季风的概念。这更能体现学生的主体地位，有利于学生内化所学知识。同时，本课教学应当运用我国气温、降水的分布知识，同时与后面我国气候分布的教学相联系，起到承上启下的作用。

十、点评

本课难度较大，但通过清晰的教学设计则很好地化解了难点。第一，在教学思路上，本课通过研究季风的风向、性质、运动规律，进而分析我国降水的时、空分布特征。第二，通过与浴室、空调气流特征的比较，能够让学生更加直观地理解季风的性质。第三，本课通过动画演示，能够让学生清晰地了解夏季风进、退的全过程。本课通过大量案例，让学生将所学知识学以致用，对知识不断巩固。

第五节　河流和湖泊——黄河的治理

一、课题

人教版 八年级 第二章 第三节 河流和湖泊——黄河的治理

二、内容标准

在地图上找出我国的主要河流，说出长江、黄河的概况。

三、教材分析

河流是自然环境的要素之一，黄河是我国的第二长河，其流域内的自然环境差异明显；同时，黄河对我国自然环境的形成，以及人类的生产、生活产生巨大影响，开发、治理黄河是处理人地关系的范例。

四、学情分析

学生已经了解了我国外河流的概况，中国的地势地形、气候特征和世界其他地区河流的开发、利用状况（如：东南亚的湄公河，俄罗斯的伏尔加河等）。通过本课学生能比较系统的了解河流水文、水系特征及其因素，培养学生的综合分析能力。

五、教学目标

目标类型	目标内容
知识与技能	了解黄河的水文、水系特征及其影响因素。
过程与方法	通过阅读资料，分析黄河的水文、水系特征及其影响因素，并由此找出黄河流域开发的有利条件和问题，讨论其开发、治理的策略。
情感、态度和价值观	树立因地制宜，可持续发展的思想。

六、教学重点和难点

(1) 黄河的水文、水系特征及其影响因素。(难点)

(2) 黄河各河段的开发和治理措施。

七、教学方法

本课主要使用小组合作学习法、案例分析法。黄河流域的开发、治理纷繁复杂，小组合作学习促进了学生之间的交流，有助于学生全面分析问题。通过案例，激发学生的学习兴趣，提供背景知识。

八、教学过程

教学流程	教师活动	学生活动	设计意图
导入	展示中国地形图（其中要有中国河流）：我们天津市处在哪个地形区上？ 华北平原又称黄淮海平原，为什么？ 其中哪条河流是形成黄淮海平原的主力呢？你是如何判断的？ 播放视频展示黄河奔腾、浑浊的景象。	华北平原。 它是黄河、海河、淮河中的泥沙堆积形成的。 黄河。它的含沙量大。	用多媒体展示黄河特征，提高学生兴趣。
	今天我们来学习“黄河的治理”。		进入主题。
活动1：分组探究黄河的开发和治理。	展示材料1：黄河两岸富饶的宁夏平原图，中国远古人类主要遗址分布图，古代主要的国都西安、洛阳、开封分布图。 展示材料2：1938年黄河泛滥景象图，20世纪90年代黄河下游断流景象图，黄河泛滥，黄河流域旱灾数据。 我们称黄河为“母亲河”，也有人称其为“害河”，你支持哪种说法？我们如何利用黄河？黄河面临的问题有哪些？ （提示：学生可以根据以上提供的材料来谈，也可以补充。学生只要能说出几个方面即可，不要求准确、全面。） 好，下面我们就来研究黄河的开发与治理。	黄河的开发价值，可以从灌溉、交通、水能发电、水产养殖等方面来研究。 黄河的问题，可以从洪涝、干旱、水污染等方面来研究。	创设探究情境。

续表

教学流程	教师活动	学生活动	设计意图
	展示：黄河流域图。 请大家找到黄河的河源地、入海口，流经的省区和总体形态。 （教师提示：黄河上、中、下游的分界：河口、孟津。）	发源于巴颜喀拉山的约古宗列曲，流经青、川、甘、宁、内蒙古、陕、晋、豫、鲁9省区，最终注入渤海，呈“几”字形。	描述黄河的源流概括，为探究做好准备。
	下面我们来分组讨论黄河的水利开发与治理。 活动准备： （1）教师为每组学生提供一幅黄河空白图的大展板。提供全部研究资料和研究问题。 （2）全班大致可以分6组，根据抓号的方式选择本组要研究的问题。每组至少要完成本组的研究任务，在此基础上再研究其他问题。 （3）每组6~8人，每组中1人主要负责将研究问题的分布情况绘在图上，1人主要负责展示发言，其余同学主要负责研究问题。每个小组应在黄河空白图中将水利开发，灾害治理的位置、范围标注在空白图内，以加强学生对地理事物空间联系的认识，有助于分析其中的因果联系。 本课的研究问题如下： （1）提供中国年降水量分布图、黄河流域主要灌溉区域图，分析这些地区发展灌溉农业的原因，黄河上游荒漠化对灌溉农业的影响。	学生要从众多资料中提取有用信息，研究黄河某河段的水文、水系特征及其影响因素，找出河流开发的有利条件和问题并提出开发、治理措施，从而掌握研究河流水文、水系特征及其影响因素的方法。 黄河流经我国西北和北方地区，降水偏少。上游	进入分组探究阶段。 反馈中国降水分布知识。

续表

教学流程	教师活动	学生活动	设计意图
		的荒漠化加剧黄河灌溉水源不足。	反馈中国水电分布特点。
	(2) 提供中国的水电站分布图、中国地势三级阶梯图、中国地形图，分析影响黄河水电站分布的原因。	位于黄河一、二级阶梯的交界处，落差大。	
	(3) 提供中国河流航运能力图、中国年降水量分布图、中国冬季1月平均气温图，从年径流量、结冰期、含沙量分析限制黄河航运发展的主要原因有哪些?	由于年降水量少，使河流年径流量小，同时，冬季1月高于0℃，有结冰期，且含沙量大，使航运能力较差。	研究影响航运能力的因素。
	(4) 提供黄河中游水土流失资料，下游泥沙淤积资料，黄河改道情况图，黄河改道，洪涝灾害资料。分析黄河洪涝灾害的根本原因，以及治理洪涝灾害的根本措施。	黄河中游黄土高原植被破坏严重，水土流失严重，大量泥沙进入下游，河床不断升高，成为“地上河”，两岸筑堤防洪，随时有决口的危险。在黄土高原恢复植被。	研究中游水土流失和下游洪涝灾害之间的关系。
	(5) 提供黄河下游断流资料，中国主要水系水污染示意图，分析黄河下游缺水的人为原因，以及治理措施。	黄河下游由于人口不断增长，农业、工业需水量增加，同时水污染、用水浪费现	研究水资源的合理利用。

续表

教学流程	教师活动	学生活动	设计意图
	(6) 提供黄河流域凌汛分布图，分析黄河产生凌汛的原因。(教师提示：可以用爆破破冰。) 小组合作学习期间，教师要参与各组学生讨论，为学生提供帮助。 黄河中游水土流失和下游水患的联系往往被学生忽略。在后面小组展示阶段解决。	象严重，造成缺水。节水，减少污染排放。 黄河在低纬度流向高纬度的河段，由于下游结冰，导致上游水位上升。	
	教师对学生发言进行总结归纳。 (教师要将黄河中游的水土流失和下游的水患问题作为重点讨论的目标。) 大家观察黄河危害最大，影响范围最广的灾害是什么？ 教师播放黄土高原水土流失，泥沙入河的视频，然后引导学生仔细阅读相关资料进行详细分析黄河洪涝灾害的形成原因。 可以沿着“中游水土流失”—“中游泥沙搬运到下游”—“下游形成地上河”—“下游洪涝灾害”的思路。这些思维层次学生可能无法一次弄清，需要教师的层层追问加以引导。	各组要派代表展示本组的研究成果，包括：展示展板，据此说明黄河各河段的开发条件和存在的问题。发言后，其他小组同学要进行补充。 洪涝。	进入小组展示，师—生，生—生互动交流阶段，提出重点讨论问题。

续表

教学流程	教师活动	学生活动	设计意图
	根据已有资料，分析长江航运较黄河发达的原因。	长江流域年降水量大，使其年径流量大，冬季1月高于0℃，无结冰期，且含沙量较小。	反馈关于河流水文特征及其影响因素的知识。
拓展问题	黄河的治理对其开发有哪些益处？	解决黄河泥沙问题，可以提高其航运能力。	将河流的治理与开发联系起来，渗透“人地关系”思想。
总结本课	源头 河湖基础 源流概况 人海 地形地势 气温降水 植被覆盖 水系形状 水文特征 资源利用 水害治理		教师总结本课的知识要点。

九、反思

黄河涉及的人地关系问题繁多，本课应更加突出重点，特别是对黄土高原的水土流失对黄河水文特征的影响应当重点研究。同时，对黄河泥沙问题应当客观、辩证地加以认识：不仅要全面体现其会诱发洪涝危害，堵塞航道；还要体现其对陆地形成起到的作用。最后，对黄土高原水土流失的原因不应做过多的分析，只要突出人类破坏植被会加剧水土流失即可。

十、点评

本课按照河流的开发与治理的某个方面进行分组，改变了以往按照上、中、下游分组割裂区域联系的弊病，本课还根据学生具体学情，提供大量必要的背景资料支撑学生研究。本课涉及了黄河流域水土流失、荒漠化、水资源短缺等众多问题，很好地抓住了“人地关系”这一主线。本课通过师—生、生—生的交流，逐步完善学生的研究成果，建构学生的知识体系。师生交流期间，教师能引导学生将研究更加全面、深入。

第六节　因地制宜发展农业

一、课题

人教版　八年级　第四章　第二节　因地制宜发展农业

二、内容标准

运用资料并联系实际，说出我国农业分布概况，并举例说明因地制宜发展农业的必要性。

三、教材分析

农业是国民经济的基础。学生已经学过我国的地形、气候、河流、土地资源，学过世界其他国家农业布局特征及其影响因素，本节则是对这部分知识的总结和拓展，为后面学习我国分区地理打下基础。

四、学情分析

学生在之前的学习中已经接触过了有关中国的地形、气候、河流、资源等相关内容，具有一定分析影响农业生产因素的基础，本节课重点学习我国农业的分布，培养学生比较、分析能力。

五、教学目标

目标类型	目标内容
知识与技能	① 举例说出农业的主要部门。 ② 能在图上分析说明我国农业的地区分布差异。
过程与方法	①通过搜集、阅读各种图文资料，培养学生分析、归纳、总结、解决问题的能力。 ②通过学生参与活动，培养学生合作探究的意识及动手能力。
情感、态度和价值观	让学生了解我国农业现状，关注生活变化，培养学习地理的兴趣，激发他们的爱国主义情感，树立正确的人地协调观。

六、教学重点和难点

(1) 我国农业分布差异。

(2) 探究我国农业分布差异的原因。(难点)

七、教学方法

本课主要使用角色扮演，合作探究等方法，提高学生们的兴趣，培养学生们主动参与的意识。

八、教学过程

教学流程	教师活动	学生活动	设计意图
导入	教师叙述两个事件： 事件1：对中国人来说，2001年12月11日是个振奋人心的日子，因为这一天中国加入了WTO。但前任总理朱镕基却说，入世大家都开心，就他一个人不开心，因为他担心中国的农业。 事件2：2004年3月5日，温家宝总理在十届全国人大二次会议《政府工作报告》中说，解决农业、农村和农民的问题是我们全部工作的重中之重。 (停顿片刻) 设问：为什么两任国务院总理都这么关注我国的农业，我国的农业情况到底如何呢？	问题使学生产生好奇心，激发学生的兴趣。	教师叙述两任国务院总理关于农业的讲话，引起学生好奇心。
	今天我们就来了解我国的农业，看到底有哪些原因使两任国务院总理都特别地关注我国的农业发展。		进入主题。

续表

教学流程	教师活动	学生活动	设计意图
活动1：明确农业的概念。	屏幕展示一组图片。 提问：这些生活中不可或缺的事物哪些是直接来自于农业生产的呢？ 教师讲述：同学们选出来的这些事物都是来自于有生命的动、植物。并且这些农作物来自农业的各个部门。 屏幕展示几种农业生产活动，请同学们进行连线来认识农业的几大部门。 提问：综合刚才我们对农业的了解，你能说出农业的定义吗？	学生将农作物和农产品选出。 同学们连线并总结农业部门的分类：农、林、牧、渔。 学生尝试用简练的语言概括农业的定义。	教师引导学生明确农业的概念。
	从图片反映的内容中可以看出，农业的劳动对象是有生命的动、植物，所以我们把利用动物、植物等生物的生长发育规律，通过人工培育来获得产品的各部门，统称为农业。		教师总结。
过渡	通过以上的活动我们不难看出，农业为人们的生活提供农产品，为工业生产提供原料和消费市场。也就是说人们的生产和生活都离不开农业。		

续表

教学流程	教师活动	学生活动	设计意图
活动2：明确农业的重要性。	下面是人们对农业的不同看法，请你来评一评他们的观点是否正确，并说明理由。 (1) 我国人口这么多，粮食生产太重要了。 (2) 只有农村实现了现代化，才能说中国实现了现代化。 (3) 应把农业放在发展国民经济战略重点的首位。	学生提出自己的观点和想法。	教师引导学生评价农业的重要性。
	从我国人口的角度来说，农业是解决人民温饱的基础；从中国实现现代化来讲，农村实现现代化是瓶颈；对于国家决策者而言，农业是发展国民经济的重中之重。正因为如此，农业是支撑国民经济建设和发展的基础产业。		教师总结。
过渡	既然农业那么重要，我们有必要再深入了解一下我国的农业，尤其是农业的分布。		
活动3：探究我国的农业分布及影响因素。	用电脑展示课本图4.13：中国农业的地区分布图。 提问：图中绿色地区主要农业活动是什么？这里有我国四大牧区，以畜牧业为主。这四大牧区分别是？ （学生回答同时，教师展示四大牧区畜牧业情况图片，加强学生对西北地区的了解。）	放牧。 内蒙古牧区、新疆牧区、青海牧区、西藏牧区。	读图分析我国农业分布有明显的东西差异。

续表

教学流程	教师活动	学生活动	设计意图
	提问：黄色地区的农业生产部门有哪些？ （学生回答的同时，教师展示种植业、林业、渔业相关图片，加强学生对东部地区农业的了解。） 提问：种植业与林业分布区之间的分界线是怎样划分的？ 教师讲述：这条线大致把我国农业区分成东西两部分，东西差异也是我国农业分布最明显的差异。	种植业、林业、渔业。 400 毫米的等降水量线。	
过渡	造成东西部农业差异的原因是什么呢？下面我们来分组讨论东西部农业差异的原因。		
进入分组探究阶段	活动准备： （1）教师为种植业、林业、畜牧业组学生提供打印的中国地形图，中国气候图，中国干湿地区图，中国季风区与非季风区图，为渔业组同学提供空白中国地图。提供全部研究资料和研究问题。 （2）全班大致可以分 4 组，根据抓号的方式选择本组要研究的问题。每组至少要完成本组的研究任务，在此基础上再研究其他问题。 （3）每组 10 ~ 12 人，每组中 4 人主要负责绘图，1 人主要负责展示发言，其余同学主要负责研究问题。种植业、林业、	学生要从众多资料中提取有用信息，研究影响种植业、林业、畜牧业、渔业分布的自然条件，从而为研究东西部农业差异的原因奠定基础。	

续表

教学流程	教师活动	学生活动	设计意图
	畜牧业组分别将其所研究的农业部门范围绘制到中国地形图、中国气候图、中国干湿地区图、中国季风区与非季风区图中，渔业组将中国四大渔场位置绘制到中国空白图中。以加强学生对地理事物空间联系的认识，有助于分析其中的因果联系。		
	本课的研究问题如下： 通过绘图分析影响种植业发展的自然条件是什么？	季风气候，水热条件好，地形平坦。	研究种植业发展的自然条件。
	通过绘图分析影响林业发展的自然条件是什么？	季风气候，山地丘陵适宜发展林业。	研究林业发展的自然条件。
	通过绘图分析影响畜牧业发展的自然条件是什么？	属干旱、半干旱地区，天然草场分布广。	
	展示：内蒙古的三河牛和青藏地区的牦牛图片。 造成青海和西藏牧区的牲畜品种与内蒙古不同的原因是什么？	气候为高寒气候，天然草原上发展出高寒畜牧业。	研究畜牧业发展的自然条件。
	提供海洋渔场资料，分析海洋渔业资源丰富区的自然条件。		

续表

教学流程	教师活动	学生活动	设计意图
	小组合作学习期间，教师要参与各组学生讨论，为学生提供帮助。 分析渔业资源丰富区的自然条件，难度较大，教师可以给予一定的指导。	(1) 海域辽阔。 (2) 光照，养分充足。 (3) 有淡水注入(海洋渔场发展的有利条件)。	研究海洋渔业发展的自然条件。
	学生描述如果不准确不完整，教师可以适当给予纠正，补充。	各组要派代表展示本组的研究成果，发言后，其他小组同学要进行补充。	学生展示研究成果。
	提问：根据四种农业部门分布区自然条件的分析，说明东西农业差异的原因。	学生讨论说明。	引导学生探究农业东西差异的原因。
	西部气候干旱，降水稀少，地势高峻，以高原、山地为主；水、热、土配合较差，且人口稀少，农业发展历史较晚，农区小而分散，以畜牧业为主。东部是湿润、半湿润性季风气候，平原大部分分布在东部，水、热、土配合良好，农业发展历史悠久，人口稠密，适合种植业、林业、畜牧业。		教师总结中国农业东西差异原因。
过渡	大家知道北方人和南方人的主食分别是什么？为什么？ 下面我们来研究南北方的农作物。	北方人面食，南方人米食。两地的农作物不同。	

续表

<table>
<tr><th>教学流程</th><th>教师活动</th><th>学生活动</th><th>设计意图</th></tr>
<tr><td></td><td>展示我国南北方农业分布图。
让学生对照课本图 4.14 和课本内容，通过自学，填写发给学生的空白表格。表格如下：
<table>
<tr><td rowspan="2">地区</td><td rowspan="2">耕地类型</td><td rowspan="2">熟制一年几熟</td><td colspan="3">主要农作物</td></tr>
<tr><td>粮食作物</td><td>油料作物</td><td>糖料作物</td></tr>
<tr><td>秦岭—淮河以北</td><td></td><td></td><td></td><td></td><td></td></tr>
<tr><td>秦岭—淮河以南</td><td></td><td></td><td></td><td></td><td></td></tr>
</table>（教师提示：熟制，一年当中，在同一块田地上可收获农作物的次数。）</td><td>学生对照课本自学填写我国东部地区农业南北差异。</td><td>探究东部农业的南北差异。</td></tr>
<tr><td></td><td>提问：北方种小麦，南方种水稻，由什么原因造成？

提问：作物熟制北方少于南方是什么原因？</td><td>南方热量和水分条件均优于北方，适合水稻生产。

热量差异，北方热量不足，以一年一熟，两年三熟，一年两熟为主，南方热量充足，可以实现一年两到三熟。</td><td>教师引导学生分析农业南北差异的原因。</td></tr>
</table>

续表

教学流程	教师活动	学生活动	设计意图
	展示西南山区随海拔变化植被的分布图。 提问：山体上从下往上的植被变化是由于什么原因造成？ 提问：这种变化类似于地球表面上的植被是从哪儿到哪儿的变化？ 教师小结：这说明农业的分布不仅在水平方向上有差异，在垂直方向上也存在分异。	气温随海拔的升高而逐渐降低。 从较低纬度到较高纬度。	教师引导同学们读图分析中国西南山区的农业垂直差异及原因。
	海拔/米 5 000 4 000 3 000 2 000 1 000 地衣、苔藓 高山草地 针叶林 温带混交林 常绿阔叶林 该山区的农民要进行以下农业活动，请你把它们分别安排在适当部位：A. 双季稻、香蕉，一年三熟；B. 玉米、小麦，一年两熟；C. 玉米、荞麦、燕、一年一熟；D. 适宜发展林业、牧业。 提问：说明这样安排的原因。	A、B、C、D 从下往上排。 根据农作物的水热要求及山体的水热分布规律，水热条件要求高的在山下，耐旱耐寒的往上排。	活动练习。
总结本课	东西部差异 水平差异 农业的地区差异 垂直差异 原因分析 南北方差异 耕地类型 作物熟制 主要农作物		教师总结本课的知识要点。

九、反思

本课应从提供大量生活中的案例中，体现了农业与我们日常生活的密切关系。同时，本课应更好地创设情境，如：建立开心农场，研究河北、湖南、内蒙古、西藏的农民应当如何安排自己的农业类型和农产品种类，由此研究我国农业的分布，则能更好地激发学生兴趣。学生已经学过我国土地资源的分布，完全具备自主研究我国农业分布的能力，而教师则要根据学生生成设置问题，凸显影响农业分布的主导因素，这样，才能体现学生的主体地位和教师的主导作用。

十、点评

本课教学贴近学生生活，凸显了农业对于人口大国——中国的重要性。在研究我国农业分布的过程中，能够从农业宏观布局到微观布局，教学思路清晰。同时，本课大量的采用对比的方法，很好地体现了我国东西干湿差异和南北热量差异以及地形差异对我国农业的影响，体现了影响农业分布的主导因素。

第七节　全国政治文化中心——北京

一、课题

人教版　八年级　第六章　第一节　全国政治文化中心——北京

二、内容标准

运用地图说出区域的位置、范围，并对区域的地理位置作出简要评价。

三、教材分析

北京是我国的首都，其区位选择、发展方式均十分典型，本节的学习方法将适用于后面认识我国其他地区。本课是本节的第一课时，着重分析北京的区位选择。

四、学情分析

学生已经学过中国地理总论，四大地理区域的差异。本课要重点学习北京的区位条件，培养学生学习分区地理的方法。本课是本节的第一课时，通过分析北京的区位条件为后面学习北京的城市职能打下基础。

五、教学目标

目标类型	目标内容
知识与技能	了解北京的位置。
过程与方法	①运用地图说出北京的位置、范围，并对北京的位置作出简要评价。 ②利用资料说出首都北京的区位条件。
情感、态度和价值观	通过分析北京的选址条件，增强学生的国防意识，渗透“人地关系”思想。

六、教学重点和难点

（1）北京的位置。

（2）北京的区位条件。（难点）

七、教学方法

本课主要使用探究式教学。学生根据提供的材料进行分析、综合，初步建构城市选址的方法体系。

八、教学过程

教学流程	教师活动	学生活动	设计意图
导入	展示北京天安门、故宫、奥运“鸟巢”等图片。 看到这些场景，大家能想到哪座城市？	北京。	通过熟悉的图片进入本课的主题——北京。
	谁能来描述北京是一座怎样的城市？并解释理由。 学生展开头脑风暴，可以涉及北京各方面的城市职能。	是我国的首都，有全国人民代表大会、国务院等国家机关。 是经济发达的城市，有繁华的王府井大街。	让学生预先感知北京悠久的历史，多样的城市职能。

续表

教学流程	教师活动	学生活动	设计意图
	与我国的上海、天津等其他发达城市相比，北京最显著的特征是什么？ 好，下面我们来了解一下北京在历史上是如何成为首都的。	有许多历史古迹，如故宫、天坛。 是首都。	
活动1：分析北京选址的区位条件。	明代最初定都南京，明成祖朱棣却要迁都北京。下面我们从不同角度来研究首都北京的选址。 下面设置两个探究主题。教师给学生一定时间分别探究两个题目，分别进行展示。同位两组同学一组进行探究。其中，一位同学负责展示。		创设情境。
	(1) 请大家来描述北京的位置。 (2) 请解释明代从南京迁都北京的主要原因。 这是北京选址的主导原因。 (3) 从自然环境、物产、交通、安全等角度说明北京作为首都还有哪些优势条件？ 这是北京选址的加强条件。 活动准备阶段： 教师下发研究材料。 (1) 中国行政区图 (2) 中国地形图 (3) 明朝疆域地图	(1) 北京位于116°E，40°N。在我国北方，属华北平原，与渤海较近，紧邻河北省，在天津西北。 (2) 明成祖要抗击北方游牧民族对中原的袭扰。 (3) ①属于温带季风气候，地形属平原，气候、地形比较适宜。 ②华北平原、渤海物产丰富。 ③位于道路枢纽，四通八达，交通便利。 ④长城隘口有利	探究主题1：对北京选址的宏观位置作出评价。

续表

教学流程	教师活动	学生活动	设计意图
	(4) 资料：北方游牧民族对中原的威胁 (5) 北京古今城区的地理位置 (6) 中国土地利用类型图图 (7) 北京市略图 探究阶段： 教师深入各活动小组，一方面要提醒学生全面分析，另一方面既要让学生找到相关的论据，又要概括出结论。 展示阶段： 针对学生通过引导性问题继续让学生不断完善论据、结论。 提供季风区、非季风区分布图，中国降水分布图，中国干湿地区图。 教师提出拓展性问题：明朝与鞑靼的对峙反映了农耕文明与游牧文明的冲突。根据我国自然环境分析，北京为什么会处在两种文明冲突的“前线上”?	于防御，保证北京安全。 学生对比北京、南京的位置，结合材料分析北京迁都的主要原因。 学生从自然环境、物产、交通、安全角度在图中找到相关的资料，概括出优势条件。 每个小组，要利用投影仪展示结论和论据。比如：为了证明华北平原物产丰富，要在中国主要种植业区和主要农作物分布图中指明华北平原的位置，并举例说明其物产，如：小麦、棉花、花生等。其他小组不断补充完善。 北京恰好位于季风区、非季风区的分界线上，也在400毫米等降水量线附近，也在湿润区与半湿润区分界线附近。	

续表

教学流程	教师活动	学生活动	设计意图
活动 2:对北京选址的微观位置作出评价。	请解释从辽代到明清北京城址在空间上是怎样变化的?原因是什么? 活动准备: 教师下发研究资料: (1) 北京古代城区的变迁图 (2) 历代北京人口图 (3) 漕运资料 探究阶段: 教师深入各活动小组,要提醒学生河流具有提供水源和水运的作用。 展示阶段: 针对学生通过引导性问题继续让学生不断完善论据、结论。	从辽到明清北京人口不断增长,需要更多水源,同时,为了使漕运进京,需要不断扩大水源,开辟了积水潭、通惠河。 学生要从城址方位和城市面积的变化上分析。同时,要将城市和水源作为两个图层进行叠加,分析两者之间的关系。 学生需要具体指明,北京城址的变化与哪些水域有关,如:积水潭、通惠河。	反馈本课。
	提供中国铁路交通图、中国工业区分布图、中国煤炭资源分布图。 请大家收集资料,分析在改革开放的今天,北京的位置为其经济发展创造了哪些优势条件?	位于铁路、公路、航空枢纽,紧邻天津港,交通便利;位于京津塘工业区,工业基础雄厚;附近煤炭、石油等矿产资源十分丰富。	反馈城市选址的方法。

续表

教学流程	教师活动	学生活动	设计意图
总结本课	北京的选址 ← 宏观—自然条件；微观—社会经济条件		教师总结本课的知识要点。
拓展本课	天津城至今已有 600 余年了，天津的选址又考虑了哪些条件？请大家课下搜集资料，深入研究。		将本课所学理论学以致用。

九、反思

本课应加大课堂容量，可以将北京的城市职能（特别是政治中心）与北京的城市选址相结合。同时，应提供更多的资料，对比北京在古、今区位优势的异同，则能将本课更加深入。课堂活动中可以让学生扮演明成祖、国家领导人，结合不同时期的历史背景探究北京选址的条件，这样能调动学生更大的积极性，体现学生的主体地位。

十、点评

本课能深入挖掘教材，对北京选址的研究能够从宏观到微观，从静态的位置描述到动态的区位选择，并从国防、资源、交通等不同方面对北京的区位进行评价，对使学生对地理位置的认识进行生化。本课提供丰富的资料，不仅让学生在读图的过程中提取信息，并结合历史背景，多角度进行探究，使本课内容、活动更加丰富。

后　记

本书的写作过程是一个理论与实践对话的过程。一线教师丰富的教学实践和教学智慧，成为本书宝贵的精神财富。书中汇集了大量来自中学一线教师的生动而鲜活的教育和教学案例，这些案例反映了在新课程标准下教学工作面对的新问题，以及解决这些问题的新途径和新方法。

本书的作者都是来自中学一线的教师。虽然他们自己在实际的工作中积累了丰富的教学经验，但是，口头上说说容易，真的要把它们变成文字——不仅要写出自己是如何理解新课程标准的，还要讲出道理来，即为什么这么做，也就是我们通常所说的反思，并不是一件易事。更何况，作为一线教师，他们平时都承担着繁重的教学任务，只能抽时间进行写作，所以能够完成本书完全是出于对这份事业的热爱，目的也只有一个——希望通过自己对新课程标准的理解和实践，分享自己的教学经验和体会，给更多的教师一点有益的启发。

全书由刘路一担任主编工作并负责统稿。

本书作者编写的具体执笔、分工如下：

引　言、第二章、第三章、第四章：刘路一　天津市新华中学

第一章：张士金　天津耀华滨海学校

第四章：张英杰　天津市新华中学

曲　璞　天津市第一中学

张　麟　南开大学附属中学

2010 年 11 月

附　录

初中地理新课程标准

第一部分　前言

一、背景

当今世界，人口、资源、环境问题日益突出，南北发展差距不断扩大，在世界多极化和经济全球化的曲折发展中，和平与发展仍是时代的主题。在我国，要坚持实施可持续发展战略，促进人与自然的协调与和谐，改善生态环境，增强区域经济发展活力，加速现代化进程。这些都给地理课程改革提出了挑战和有待探索的新课题。关注全球性问题和我国新世纪所面临的发展问题，建设符合时代要求的地理课程是当前的迫切任务。信息技术的迅猛发展，全球定位系统、对地观测系统、地理信息系统的广泛应用，数字地球概念的建立，都为地理课程革新注入了活力。

全面推进素质教育，要求地理课程改革必须转变“学科本位”、“知识中心”的教育观念，着眼于学生的全面发展和终身发展，结合地理学科的特点，创设有助于学生自主学习、主动探究地理问题的学习情境。

二、课程性质

地理学是研究地理环境以及人类活动与地理环境相互关系的科学。它具有两个显著的特点：第一，综合性。地理环境由大气圈、水圈、岩石圈、生物圈及人类智慧圈等圈层所构成，是地球表层各种自然现象、人文现象有机组合而成的复杂系统。因此，地理学是一门兼有自然科学性质与社会科学性质的综合性科学。第二，地域性。地理学不仅研究地理事物的空间分布和空间结构，而且阐明地理事物的空间差异和空间联系，并致力于揭示地理事物的空间运动、空间变化的规律。地理学是一门既古老又年轻的科学，在现代科学体系中占有重要地位，并在解决当代人口、资源、环境和发展问题中具有重要作用。

地理课程是义务教育阶段学生认识地理环境、形成地理技能和可持续发展观念的一门必修课程，兼有社会学科和自然学科的性质。

三、基本理念

1. 学习对生活有用的地理。地理课程要提供给学生与其生活和周围世界密切相关的地理知识，侧重基础性的地理知识和技能，增强学生的生存能力。

2. 学习对终身发展有用的地理。反映全球变化形势，突出人口、资源、环境以及区域差异、国土整治、全球变化、可持续发展等内容。使所学内容不仅对学生现在的生活和学习有用，而且对他们的终身学习和发展有用。

3. 改变地理学习方式。要根据学生的心理发展规律，联系实际安排教学内容，引导学生从现实生活的经历与体验出发，激发学生对地理问题的兴趣，培养地理学习能力，鼓励积极探究，使学生了解地理知识的功能与价值，形成主动学习的态度。

4. 构建开放式地理课程。地理课程要充分重视校外课程资源的开发利用，形成学校与社会、家庭密切联系，教育资源共享的开放性课程，从而拓宽学习空间，满足多样化的学习需求。

5. 构建基于现代信息技术的地理课程。在课程内容选择、教学方式方法改革和教学评价中，要充分考虑现代信息技术的影响，为发展学生自主学习意识和能力创造适宜的环境。

6. 建立学习结果与学习过程并重的评价机制。地理学习的评价，既要关注学习结果，也要关注学习过程，以及情感、态度、行为的变化。实现评价目标多元化、评价手段多样化、形成性评价和终结性评价并举、定

性评价和定量评价相结合，创设一种“发现闪光点”“鼓励自信心”的激励性评价机制。

四、设计思路

1. 7~9年级地理课程是基础教育地理课程体系的有机组成部分。7~9年级地理课程以区域地理学习为主，原则上不涉及较深层次的成因问题。

2. 7~9年级地理课程内容分为四大部分：地球与地图、世界地理、中国地理、乡土地理。为了体现地理课程的灵活性和选择性，课程标准对学习顺序不作规定。教材编写者和地理教师可以自行选择教材编写和授课的顺序。例如，可以先教授中国地理，也可以先教授世界地理；“地球与地图”的知识可以集中学习，也可以分散学习。

3. 地理要素采用单独列出和与区域地理结合两种方式。例如，世界地理的自然部分只列出气候，地形、自然资源等不再单独列出，而是放在地区和国家的学习中，减少内容的层次和难度。无论是中国地理还是世界地理，均大幅度减少部门地理的内容，重点突出能够说明地理问题和实现区域地理教学目标的内容。

4. 世界地理和中国地理的分区部分，只列出区域的基本地理要素和学习区域地理必须掌握的基础知识与基本技能，以及必选区域的数量，而不再规定必须学习哪些区域。具体区域的划分和选择由教材编写者和教师决定，以增强课程的开放性和弹性。例如，本标准规定，必须从世界范围内选择至少一个大洲、五个地区和五个国家编写教材和组织教学，教材编写者和教师可选择非洲（洲）、南亚（地区）、英国（国家）等，也可选择其他大洲、地区、国家。

5. 提倡把乡土地理作为综合性学习的载体。学生可以通过收集身边的资料，运用掌握的地理知识和技能，进行以环境与发展问题为中心的探究性实践活动。

第二部分　课程目标

通过7~9年级地理课程的实施，学生能够了解有关地球与地图、世界地理、中国地理和乡土地理的基本知识，了解环境与发展问题；获得基本的地理技能以及地理学习能力；使学生具有初步的地理科学素养和人文素养，养成爱国主义情感，形成初步的全球意识和可持续发展观念。

一、知识与技能

1. 掌握地球的基本知识，学会运用地球仪的基本技能；掌握阅读和使用地图和地理图表的基本技能，初步学会简单的地理观测、调查统计以及运用其他手段获取地理信息等基本技能。

2. 能初步说明地形、气候等自然地理要素在地理环境形成中的作用，以及对人类活动的影响；初步认识人口、经济和文化发展的区域差异，以及发展变化的基本规律和趋势。

3. 知道世界、中国和家乡的地理概貌，了解中国与世界的联系；初步学会根据一个国家或一个地区的地理信息，归纳其地理特征。

4. 了解人类所面临的人口、资源、环境和发展等重大问题，初步认识环境与人类活动的相互关系。

二、过程与方法

1. 通过各种途径感知身边的地理事物，并形成地理表象；初步学会根据收集到的地理信息，通过比较、抽象、概括等思维过程，形成地理概念，进而理解地理事物分布和发展变化的基本规律。

2. 尝试运用已获得的地理概念、地理基本原理，对地理事物进行分析，作出判断。

3. 尝试从学习和生活中发现地理问题，提出探究思路，搜集相关信息，运用有关知识和方法，提出看法或解决问题的设想。

4. 运用适当的方法和手段，表达自己学习的体会、看法和成果，并与别人交流。

三、情感、态度与价值观

1. 初步形成对地理的好奇心和学习地理的兴趣，初步养成求真、求

实的科学态度和地理审美情趣。

2. 关心家乡的环境与发展，关心我国的基本地理国情，增强热爱家乡、热爱祖国的情感。

3. 尊重不同国家的文化和传统，增强民族自尊、自信的情感，懂得国际合作的价值，初步形成全球意识。

4. 增强对环境、资源的保护意识和法制意识，初步形成可持续发展的观念，逐步养成关心和爱护环境的行为习惯。

第三部分　内容目标

内容标准总体结构的说明如下：

(1) 内容标准由标准、活动建议等部分组成。

(2) “标准”是学生学习地理课程必须达到的基本要求，以行为目标方式陈述。

(3) “活动建议”是为开展教学活动提供的参考性建议。

(4) “说明”是对标准中某些问题的进一步解释。

地理课程（7~9年级）内容标准的基本结构如下图所示：

一、地球与地图

(一) 地球和地球仪

标　准	活动建议
1. 地球的形状、大小与运动 ●提出证据说明地球是个球体。 ●用平均半径、赤道周长和表面积描述地球的大小。 ●用事实分别说明地球自转、公转及其产生的地理现象。 2. 地球仪 ●运用地球仪，说出经线与纬线、经度与纬度的划分。 ●用经纬网确定任意地点的位置。	●用乒乓球或其他材料制作简易的地球仪模型。 ●用地球仪演示地球的自转和公转。 ●比较不同季节正午太阳光下物体影子的长度。

说明：

●“提出证据说明地球是个球体”一项，旨在通过该内容的学习使学生受到有关的科学史教育。

（二）地图

标　准	活动建议
●运用地图辨别方向、量算距离、估算海拔与相对高度。 ●识别等高线地形图上的山峰、山脊、山谷等。 ●在地形图上识别五种主要的地形类型。 ●根据需要选择常用地图，查找所需要的地理信息，养成在日常生活中运用地图的习惯。 ●知道电子地图、遥感图像等在生产、生活中的用途。	●利用泡沫塑料、沙土等制作地形模型。 ●实地踏勘并绘制校园、社区等小区域的平面草图。 ●组织一次使用地图“寻宝”、定向行军等活动。 ●在地图上查找地名，并选择到达该地点的最佳交通路线。

说明：

●“知道电子地图、遥感图像等在生产、生活中的用途”一项，只要求学生知道电子地图光盘、公共场所设置的电子查询系统、电视天气预报节目中的卫星云图等在日常生活中的应用。

二、世界地理

（一）海洋与陆地

标　准	活动建议
1. 海陆分布 ●运用地图和数据说出全球海陆所占比例，描述海陆分布特点。 ●运用世界地图说出七大洲、四大洋的地理分布和概况。 2. 海陆变迁 ●举例说明地球表面海陆处在不断的运动和变化之中。 ●知道板块构造学说，说出世界著名山系及火山、地震分布与板块运动的关系。	●填绘全球海陆轮廓略图。 ●开展七大洲、四大洋拼图游戏。 ●有条件的学校可使用计算机软件模拟演示“大陆漂移”。 ●讲述魏格纳提出大陆漂移说的故事。

说明：

●“知道板块构造学说……”一项，侧重于科学史教育及科学兴趣、科学方法的培养。

（二）气候

标　准	活动建议
1. 天气与我们的生活 ●知道“天气”和“气候”的区别，并在生活中正确使用这两个术语。 ●识别常用天气符号，能看懂简单的天气图。 ●用实例说明人类活动对大气环境的负面影响及保护大气环境的重要性。 2. 气温与降水的分布 ●初步学会阅读世界年平均气温分布图，说出世界气温的分布规律。 ●初步学会阅读世界年平均降水量分布图，说出世界降水分布的差异。 ●使用气温、降水资料，绘制气温曲线和降水量柱状图，并读图说出气温与降水的变化规律。 3. 主要气候类型 ●在世界气候分布图上说出主要气候类型的分布地区。 ●举例分析纬度位置、海陆分布、地形等对气候的影响。 ●举出日常生活中的实例，说明气候对生产和生活的影响。	●收听、收看广播、电视的天气预报节目，并做记录，讨论当地天气情况，并根据天气预报合理安排自己的活动。 ●有条件的学校可参观当地的气象台站或大气环境监测站。 ●有条件的学校可建立气象园地，使用常用的测量仪器进行气温、降水和风向等观测；或将每天从广播、电视节目中记录的天气资料绘制成图表。 ●如有条件，让去过外地（或外国）的学生，描述对不同地区气候的感受。

说明：

●天气符号和天气图，是指电视台天气预报节目中出现的常用天气符号和简单天气图。

●要求学生从世界气候分布图上指出主要气候类型，培养读图能力以及通过读图获得相应地理知识的能力。

（三）居民

标 准	活动建议
1. 人口与人种 ●运用地图、资料，说出世界人口增长和分布的特点。 ●举例说明人口问题对环境及社会、经济的影响。 ●说出世界三大人种的特点，并在地图上指出三大人种的主要分布地区。 2. 语言和宗教 ●运用地图说出汉语、英语、法语、俄语、西班牙语、阿拉伯语的主要分布地区。 ●说出世界三大宗教及其主要分布地区，举例说出不同国家和地区存在着不同的宗教信仰及文化传统。 3. 聚落 ●运用图片描述城市景观和乡村景观的差别。 ●举例说出聚落与自然环境的关系。 ●懂得保护世界文化遗产的意义。	●组织有关人口问题的辩论会。 ●搜集世界三大宗教特色建筑的图片资料，配合地图进行展示。 ●收集聚落景观图片，辨别某一景观及其与自然环境、人类活动的关系。

（四）地区发展差异

标 准	活动建议
1. 发展中国家与发达国家 ●运用数据和实例，说出发展中国家和发达国家发展水平的差异。 ●知道发展中国家与发达国家的地区分布特点。 2. 国际合作 ●用实例说明加强国际合作的重要性。 ●说出联合国等国际组织在国际合作中的作用。	●搜集能反映世界上不同国家发展水平的资料，进行比较并开展讨论。 ●从报刊中剪辑有关联合国等国际组织的活动信息，通过板报、小报、宣讲等形式展示和交流。

（五）认识区域

标　准	活动建议
1. 认识大洲 ●运用地图说明某一大洲的纬度位置、海陆位置。 ●运用地图和有关资料归纳出某一大洲的地形、气候、河流特点及其相互关系。 ●运用有关资料说出某一大洲存在的人口、环境、发展等问题。 ●通过实例说明某一大洲内部的经济发展水平是不平衡的。 2. 认识地区 ●在地图上找出某一地区的位置、范围、主要国家及其首都，读图说出该地区地理位置的特点。 ●运用地形图和地形剖面图，描述某一地区地势变化及地形分布特点，说出地形与人类活动的关系。 ●运用图表说出某一地区气候的特点以及气候对当地农业生产和生活的影响。 ●运用地形图说明某一地区主要河流概况，以及河流对城市分布的影响。 ●运用地图和资料，指出某一地区对当地或世界经济发展影响最大的一种或几种自然资源，说出其分布、生产、出口等情况。 ●举例说出某一地区发展旅游业的优势。 ●说出某一地区最有影响的区域性国际组织。 ●运用资料描述某一地区富有特色的文化习俗。 ●说出两极地区自然环境的特殊性以及开展科学考察和环境保护的重要性。 3. 认识国家 ●在地图上指出某一国家的地理位置、领土组成和首都。	●分组准备某一大洲的资料，整理归纳后，选出代表向全班汇报。 ●收集、整理其他大洲的资料，并与所学大洲进行对比。 ●结合地区热点问题，收集有关资料，并展开讨论。 ●模拟一次暑期出国旅行，选择旅游路线，说出经过的主要国家和城市，描述可能见到的景观。 ●以极地科学考察为主题，出一期墙报，或者举办一次科普报告会，或者观看录像片。 ●结合历史等课程，利用不同时期的世界地图，探讨国家名称和版图的变化。 ●观看介绍某一国家地理概况的录像。 ●讨论某一国家特有自然现象的形成原因。例如，展示澳大利亚特有的野生动物袋鼠、树袋熊、针鼹、鸭嘴兽等图片，讨论为什么这些动物唯独生活在澳大利亚。 ●进行一次针对某一突发性自然灾害的自救演习。

续表

标　准	活动建议
●根据地图和资料，说出某一国家自然环境的基本特点，指出特有的自然地理现象和突出的自然灾害，并简单说明其形成的主要原因。 ●运用地图和资料，联系某一国家自然条件特点，说出该国因地制宜发展经济的实例。 ●用实例说明高新技术产业在某一国家经济发展中的地位和作用。 ●举例说出某一国家在开发利用自然资源和保护环境方面的经验、教训。 ●根据资料和地图，说出某一国家交通运输特点以及主要城市。 ●根据资料和地图，说出某一国家的种族、民族、人口、宗教、语言等至少一个方面的概况。 ●用实例说明某一国家自然与社会环境对民俗的影响。 ●举例说出某一国家与其他国家在经济、贸易、文化等方面的联系。	●通过角色模拟讨论有关地理问题。例如扮演政府官员、热带丛林土著居民、世界环保组织成员、开发商等角色，讨论亚马孙流域热带雨林的开发与保护问题。 ●通过搜集材料等方式，了解华人与华侨对所在国科学技术与社会文化发展的贡献。 ●选择某一主题，从互联网上下载有关资料，制作计算机演示文稿，并在全班演讲。

说明：

●本单元通过从世界范围内选学部分大洲、地区、国家，认识所学区域自然地理和人文地理的主要特征，初步掌握学习区域地理的一般方法。

●教材编写者和教师必须从世界范围内选择至少一个大洲、五个地区（例如南亚）和五个国家编写教材和组织教学。

●在编写教材和组织教学中，所选择的“洲—地区—国家”的组合，其内容必须涵盖所列各项“标准”；就某一具体区域而言，可以选择若干条“标准”，合理组织材料；不一定是一个区域对应一条“标准”。

●安排学习不同尺度的区域地理，主要目的在于通过探究性学习，使学生初步掌握学习和研究不同尺度区域地理的基本方法。

三、中国地理

(一) 疆域与人口

标　准	活动建议
1. 疆域与行政区划 ●运用地图说出我国的地理位置及其特点。 ●记住我国的领土面积，在地图上指出我国的邻国和濒临的海洋，说明我国既是陆地大国，也是海洋大国。 ●在我国政区图上准确找出34个省级行政区，记住它们的简称和行政中心。 2. 人口与民族 ●说出我国人口总数，运用有关数据说明我国人口增长趋势，说出我国的人口国策。 ●运用人口分布图说出我国人口的分布概况。 ●运用民族分布图，说出我国少数民族分布特征。	●在地图上计算出我国大致的东西经度差和南北纬度差，并以此来说明我国经度与纬度跨度大；分析我国相对于亚欧大陆和太平洋的具体位置。 ●开展我国省级行政区拼图游戏。 ●收集、交流反映我国主要少数民族风俗、服饰的图片、资料，了解这些少数民族的风土民情。

说明：

●“在我国政区图上准确找出34个省级行政区……”一项，省级行政区的名称、简称和行政中心要求学生在中国地理的学习过程中逐步记住，而不是在本节课中全部记住。

(二) 自然环境与自然资源

标　准	活动建议
1. 自然环境 ●运用中国地形图，说出我国地形、地势的主要特征。 ●运用资料说出我国气候的主要特征及其影响因素。 ●在地图上找出我国的主要河流，说出长江、黄河	●联系生活经验并运用有关资料，讨论季风对人们日常生活的影响。 ●搜集有关土地资源方面的资料，与俄罗斯、美国、印

续表

标　准	活动建议
的概况。 2. 自然资源 ●举例说出什么是自然资源，它有哪些主要类型。 ●运用资料，说出我国土地资源的主要特点。 ●运用资料，说出我国水资源的时空分布特点以及对于社会经济发展的影响。 ●运用实例，说出我国为解决水资源分布不均而建设的大型工程。	度等国进行对比。 ●调查当地的主要自然资源，列举合理或不合理开发利用方面的事例，并撰写简要报告。

说明：

●“标准”没有要求面面俱到地讲述各种类型的自然资源。教学中应注意以水、土资源为案例，引导学生了解我国自然资源总量大、人均少、时空分布不均的特点，并渗透节约资源的教育。

（三）经济与文化

标　准	活动建议
1. 经济发展 ●运用资料并联系实际，说出我国农业分布概况，并举例说明因地制宜发展农业的必要性。 ●运用资料，说出我国工业的地理分布。用实例说明高新技术产业在工业发展中的作用。 ●比较不同交通运输方式的特点；运用地图说出我国交通运输网络的大致分布格局。 2. 文化特色 ●知道我国民居、服饰、饮食的地方特色，并举例说明自然环境对文化的影响。 ●结合有关资料，说明我国地方文化特色对旅游业发展的影响。	●观看反映我国农业生产特色的录像，搜集有关我国工业生产现状的图文资料，讨论我国工农业发展的前景。 ●参观本地特色农业生产基地、工矿企业或车站、码头。 ●搜集有关各地风土人情的图片资料，观看反映地域文化特色的艺术表演或录像，谈一谈对地方文化特色的认识。

（四）地理差异

标　准	活动建议
●在地图上找出秦岭、淮河，并说明秦岭—淮河一线的地理意义。 ●运用地图指出北方地区、南方地区、西北地区、青藏地区四大地理单元的范围，比较它们的自然地理差异。 ●说出各地理单元自然地理环境对生产、生活的影响。	●围绕秦岭—淮河一线南北两侧的地理差异，进行专题讨论或知识竞赛。 ●观看反映四大地理单元自然景观特色的影像资料片。 ●列表比较四大地理单元的区域差异。

说明：

●四大地理单元是为了适应地理学习和研究的需要划分的，这是一种宏观尺度的划分。应该注意即使同一单元内也存在很大的差异。

（五）认识区域

标　准	活动建议
1. 位置与分布 ●运用地图说出区域的位置、范围，并对区域的地理位置作出简要评价。 ●在地形图上识别区域主要的地形类型，并用自己的语言描述区域的地形特征。 ●阅读地图与气候统计图表，说出区域的气温、降水分布概况，并归纳气候特征。 ●运用地图和资料，说出区域产业的结构与空间分布特点。 ●运用地图和资料，描述区域人口、城市的分布特点。 ●以区域某一地理事物的分布为例，绘制略图，并描述该地理事物的分布特点。 2. 联系与差异 ●举例说明区域内自然地理要素的相互作用和相互影响。	●组织有关人口问题的辩论会。 ●搜集世界三大宗教特色建筑的图片资料，配合地图进行展示。 ●收集聚落景观图片，辨别某一景观及其与自然环境、人类活动的关系。 ●收集一个地区的专题地图，例如地形图、政区图、水系图、矿产图、交通图、旅游图等，讨论这个地区的区域地理特征。 ●观看有关我国区域地理景观特色的录像或电影。 ●收集区域地理资料，并对

续表

标　准	活动建议
●举例说出河流在区域发展中的作用。 ●举例说出影响区域农业或工业发展的地理因素。 ●根据有关材料，说出支柱产业对区域经济发展的带动作用。 ●根据材料，运用分析、对比的方法，归纳区域内主要地理差异。 ●举例说出区际联系对区域经济发展的意义。 ●举例说明祖国内地对香港、澳门经济繁荣的促进作用。 ●运用有关资料，分析说明外向型经济对区域发展的促进作用。 3. 环境与发展 ●根据资料分析区域主要自然灾害与环境问题所造成的后果，了解区域环境保护与资源开发利用的成功经验。 ●举例说明区域环境和区域发展对生活方式和生活质量的影响。 ●利用资料说出首都北京的自然条件、历史文化传统和城市职能，并举例说明其城市建设成就。 ●在地图上指出台湾省的位置和范围，分析其自然地理环境和经济发展特色，说明台湾省自古以来一直是祖国不可分割的神圣领土。 ●以某区域为例，说明我国西部开发的地理条件以及保护生态环境的重要性。	资料进行筛选和分类，在此基础上归纳总结区域基本地理特征，并与相关地区进行比较。 ●搜集有关北京的图片资料，编辑以北京概况为主题的地理小报。 ●绘制台湾岛简图，在其上标明主要地理事物的名称。 ●组织“宝岛——台湾在我心中”的专题演讲。 ●召开地理专题讨论会，对某一专题进行探讨。例如，黄土高原水土流失的原因和主要整治措施，珠江三角洲外向型经济的发展状况等。 ●搜集有关资料，讨论我国某一地区改革开放以来的发展成就。

说明：

●本单元通过从全国范围内选学部分不同尺度的区域，认识所学区域的自然地理和人文地理主要特征，掌握学习区域地理的一般方法。

●本单元至少学习 5 个区域，具体区域的选择不做统一规定。

●本单元学习内容应体现区域地理的地域性、综合性特点，要注重自

然地理和人文地理的有机结合，而具体的学习内容则要从所选的区域地理实际出发，不求面面俱到。就某一具体区域而言，可以选择“标准”中若干条内容，合理组织材料；不一定是一个区域对应一条“标准”；所选择区域的组合，其内容必须涵盖所列各项“标准”。

●在学习区域时，既要进行区域之间的比较，也要用发展的观点引导学生了解区域内改革开放以来社会经济发展的成就。

四、乡土地理

乡土地理是必学内容。乡土地理帮助学生认识学校所在地区的生活环境，引导学生学以致用，培养学生实践能力，树立可持续发展的观念，增强爱国、爱家乡的情感。

标　准	活动建议
●分析、评价家乡地理位置的特点。 ●利用图文材料和历史档案，说明家乡主要地理事物的变迁及原因。 ●举例说明自然条件对家乡的社会、经济、环境、生态、文化、生活诸方面的影响。 ●说明家乡人口数量、人口变化的基本情况。 ●结合实际说明家乡的生态环境状况、存在的问题以及改善措施。 ●举例介绍家乡的主要自然灾害及防灾、减灾举措与存在的问题。 ●举例介绍家乡在开发、利用和保护自然资源方面的情况。 ●举例说出家乡改革开放以来在社会、经济、文化、教育、生活等至少一个方面所发生的重大变化，了解家乡的发展规划。	●用较为规范的图例绘制反映学校或家庭所在地的示意图，并要求能够展示出正确的方位和较多的地理信息。 ●查阅以前的乡土地图，讨论家乡有哪些变化，并以适当形式展示讨论的结果。 ●围绕家乡的环境与发展问题，开展地理调查，提出合理建议。 ●通过班级或小组讨论，就家乡某一方面的发展提出设想。 ●讨论家乡的对外经济社会联系，说明进一步改革开放的重要性。 ●开展乡土地理的野外考察和社会调查。

说明：

●“乡土”范围指县一级行政区。乡土地理要结合所在地区的自然、经济、社会发展实际，突出区域地理特征，体现人地关系协调和可持续发展的观念。

●根据各地的实际情况，乡土地理的教学可以讲授本省地理，或者本地区（地级市）地理。

●乡土地理教材的编写应纳入地方课程开发的计划中，并切实加以落实。

●要求乡土地理的学习，至少安排一次野外考察或社会调查。

第四部分　实施建议

一、教学建议

地理教学要突出地理学科特点，运用多种教学方式、方法和教学手段，重视创新精神和实践能力的培养。

（一）突出地理学的“地域性”和“综合性”特征

地理教学要突出地理事物的空间差异和空间联系，强调地理因素之间的相互作用，特别是自然因素和人文因素对地理现象和地理过程的综合影响，引导学生从不同角度看待地理现象和问题，逐步形成对地理事物的“地域性”和“综合性”特征的认识。

以“日本”为例学习区域地理

展示世界地图和日本地图，让学生观察、分析日本的地理位置和自然条件。将观察到的内容记录在一张纸上。

阅读有关日本的工农业生产、贸易、人民生活、文化习俗等资料，整理出若干条要点，记录在另一张纸上。

根据上述资料，想一想自然条件在哪些方面影响了日本的居民生活，日本为什么是资源小国、经济大国。

将当地能买到或能看到的日本商品列个清单，再与日本主要进出口商品进行比较，说说日本与世界的经济联系和相互影响，还有哪些事例可以说明这种联系和影响。与老师和同学进行讨论。

（二）选择多种多样的地理教学方式方法

要根据教学内容的特点、学生年龄特征和学校条件，选择地理教学方式方法。

用多样化的教学方式方法，帮助学生掌握基本地理事实、概念和技能，增强地理学习能力，形成正确的态度、情感和价值观。

提倡探究式学习，引导和鼓励学生独立思考，体验解决问题的过程，逐步学会分析问题、解决问题的方法。

案例一

“角色扮演”及小组活动的学习方式

在学习“中国的北方地区和南方地区”时，可以综合使用角色扮演、小组活动等教学方式，让学生积极主动地参与学习。

首先把教材中的“北方地区”和“南方地区”内容作为一个专题教学。全班分为“北方”和“南方”两大组。学生在阅读教材、查阅资料、采访之后，自由选择扮演“北方人”或“南方人”。

教师提出辩题：“生活在北方好还是生活在南方好”，两大组分别准备。每方有三种角色供学生选择：辩手，主要发言；策划，搜集和制作支持本方辩手的材料；南（或北）方人，表演反映本方区域特点的生活小品或歌舞以支持本方辩手的观点。组内通过自荐和推选分配角色。

课前的准备由组内分工合作完成。准备工作包括：信息查询、市场调查、人物访问、广告制作等。然后，写出访问札记、广告词，绘制图画，准备节目。教师做好引导和资料支持工作。

上课时，在教室中展示反映北方和南方地理特点的图片，轮流播放具有南、北方特色的音乐。各方轮流发言，用讲解、表演、展示资料等方法试图说服对方。

辩论结束后，鼓励有兴趣的同学撰写小论文。

案例二

“问题解决”式学习

在学习经纬网知识时，教师可以采用“问题解决”式的教学方式。

将学习内容转化为“问题”。教师提出问题：一艘海上遇难船只如何向别人报告自己所在位置？并在一个球体表面上标出假想遇难船只的位置。

理解“问题”。让学生边观察边议论。然后教师引导学生认识到，这实际上就是“如何在地球表面确定一个点的位置”的问题。进一步引导学生运用生活经验，提出确定某一学生在教室里的座位或者在电影院里找座位的方法。

寻求解决“问题”的办法。教师引导学生把生活中确定“座位”的方法概括为利用“行”和“列”定点的方法。

把已找到的方法运用到“问题”解决的实际情境中。学生会联想到可在空白球面上通过“遇难船只”这一点划两条十字交叉的线。但怎样向别人描述这两条线的交点是一个新问题。教师由此引出经纬线、经纬度和经纬网的知识。学生观察地球仪并阅读课本，理解经纬线、经纬度和经纬网等概念。

“问题”的解决。遇难船只报告它所处经纬度（船上配有显示经纬度的仪器），让别人知道其在茫茫大海上的位置。

（三）重视地理教学信息资源和教学媒体的利用

地理图像是地理信息的重要载体，教师应重视利用地理图像，通过阅读、使用地理图像和绘制简易地图，帮助学生掌握观察地理事物的基本方法，逐步发展对地理图像和地理事物的理解、想象、分析等思维能力和解决地理问题的能力。

在有条件的地方，积极利用地理信息资源和信息技术手段优化和丰富地理教学，提高学习效率。

利用地理图像进行教学

在有关“我国农业分布”的教学中，可把景观图和地图结合起来使用，引导学生认识农业生产要因地制宜。

展示反映我国农业生产的景观图片。例如，南方水田插秧和水稻收割、北方小麦播种和收割等图片，介绍照片拍摄的时间和反映的事物，但不注明地点。

学生分组观察图片，记录观察到的内容，讨论农业生产的自然条件。

学生利用地图，讨论图片上的农业生产景观可能出现在哪个地区。

由学生利用相关图像向全班阐述本小组的讨论结果，教师讲评。

利用计算机搜集资料并展示学习成果

关于“世界人种”的教学，有条件的学校可指导学生运用计算机网络查询资料，整理并制作成展示作品。

学生自愿组成小组，在网络上分别查找和整理三大人种资料。

将查找到的资料按照自己喜欢的方式做成计算机展示作品。

学生轮流演示、讲解自己的作品，教师和其他学生进行点评。

（四）重视培养创新精神和实践能力

在地理教学中培养学生的创新精神，需要为学生创造宽松的学习环境，爱护和培养学生的学习兴趣；增大地理教学的开放性，鼓励学生对所学地理内容提出自己的看法；保证教学的弹性，为学生自主学习提供条件。

开展地理实践活动，特别是野外考察，能够使学生亲身体验地理知识产生的过程，增强学生地理实践的能力。

地理野外考察方法

第一步，确定考察项目。

第二步，准备资料。在实地考察前，搜集并整理地图、统计资料、调查报告、历史记录等资料，并制成分布图和图表，以形成对考察区域的初步印象。

第三步，野外观察与访问。根据考察目的，确定考察和访问的内容及路线。在野外考察中，对地图上标注的地形、聚落、铁路、公路、土地利用类型等予以确认；把地图上未标注的地理事物用适当的符号标注在地图上。

第四步，撰写考察报告。考察报告的内容一般包括：题目及确定题目的理由；考察的目的及设想；考察方法和程序；考察的内容及已有资料；已有资料同野外考察的关系；主要结论以及需要进一步探讨的问题。

二、评价建议

地理学习评价要注重学生的学习结果、学习过程，以及在实践活动中

所表现出来的情感和态度的变化。强化评价的诊断和发展功能，弱化评价的甄别和选拔功能。地理学习评价的基本内容和要求包括以下几个方面：

（一）注重评价学生解决地理问题的能力和过程

运用所学地理知识解决现实生活中的问题，是地理教学的重要目标之一，也是地理学习评价的重点。

评价学生解决地理问题的能力时，应了解学生：能否把现实生活中的问题抽象为地理问题；能否制订解决问题的方案；能否形成有效解决问题的思路；能否检验并解释结果。

评价学生解决地理问题的过程，应了解学生在提出地理问题、搜集整理以及分析地理信息资料、回答地理问题这一完整过程中的表现。其中，重点评价学生在搜集整理以及分析地理信息资料过程中的表现。应了解学生：能否利用地图、图表、图片、图解和各种信息源（如期刊、报纸、电视、广播、互联网等）搜集一手或二手资料；能否通过实地观测与调查等方式去获得资料；能否保证地理信息资料的质量（如资料的多样性、可靠性、全面性、针对性等）；能否将地理信息资料恰当归类；能否将地理信息资料绘制成地理图表以及简单的地图；能否通过分析地理信息资料得出结论并进行检验。

评价过程中，引导学生开展自评、互评，让学生知道自己的优点与不足，教师评语应以鼓励为主，以调动每个学生的学习积极性。

对学生提出地理问题能力的评价

在教学“南极大陆蕴藏丰富的煤炭资源”时，首先，提供相关资料和信息：

（1）南极洲煤炭分布图及煤炭储量；

（2）煤炭形成的重要条件——湿热的气候、茂密的森林；

（3）南极洲景观图片；

（4）南极洲气候特点。

接着，让学生利用上述信息提出问题。学生提出的问题可能五花八门。

教师根据学生提出的问题，可以了解学生在多大程度上利用了已有的信息，以及合理性、完整性、新颖性等表征问题质量的信息，从而评价学生在提出地理问题方面的水平与差异。“为什么南极洲会有丰富的煤炭资源”与“南极洲有丰富的煤炭资源，说明南极洲曾有过湿热的气候、茂密的森林，这说明了什么问题”这两个问题相比，在深度上是有明显区别的。根据这种差别，教师就可以对学生提出地理问题的能力作出相应的评价。

对学生搜集、整理、分析地理信息资料过程与能力的评价

检测“通过实例说明某一大洲内部的经济发展水平是不平衡的”的达标程度，可采用让学生撰写小短文的形式进行评价。撰写小短文的过程，就是学生搜集、整理与表达资料的过程。通过观察学生写作小短文过程中的完整表现，教师可以对学生在搜集、整理、分析地理信息资料的过程与能力作出较为准确的评价。

又如，在学习家乡的人口问题时，让学生搜集（或给出）家乡的人口历史资料，绘出人口数量变化图。教师检查完成情况，评价学生搜集、整理、分析地理信息资料的过程与能力。

（二）注重评价学生科学方法掌握状况和探索性活动的水平

评价学生对科学方法的掌握状况，应着重了解他们对地理观察、区域分析与综合、地理比较等常用地理方法的领悟、掌握状况和运用水平。主要包括：对地理事物和现象的观察是否细致、全面、敏锐，区域分析与综合、地理比较等方法的运用是否合理、有效，能否进行合理的推测、想象以及大胆的猜测。

评价学生参与地理探索性活动的程度和水平，重点不在于学生记忆的准确性和使用技能的熟练程度，而在于学生实地观察与观测、调查、实验、讨论、解决问题等活动的质量，以及在活动中表现出来的兴趣、好奇心、投入程度、合作态度、意志毅力和探索精神等。

对学生科学方法的掌握状况、参与探索性活动的程度和水平的评价方法，主要有观察法和评定量表法。

案例

用观察的方法评价学生对地理科学方法的领悟、运用状况

在认识区域的“联系与差异”这部分内容的教学中，检测“在分析、对比的基础上，说明区域内主要地区在自然地理、人文地理方面存在着不同程度的差异，并根据材料归纳出主要地理差异的学习水平，教师可先提出探究活动要求：请你根据地图选出几个代表性的地区进行比较，说明区域自然环境的差异性。具体回答这样几个问题：

(1) 选择这几个地区的依据；

(2) 从哪些方面进行比较；

(3) 从比较中得出什么结论。

以上探究活动可以评价学生观察方法运用的水平、地理比较方法运用是否合理。为此应当观察学生是否能有效利用地图，是否有条理、有步骤、认真细致地观察地图；要及时判断学生所选择的比较地区和确定的比较项目是否合理，得出的结论是否正确。通过上述的观察与判断，可以对学生地理观察、比较、区域综合分析等方法的领悟、运用水平作出相应的评价。

(三) 注重评价学生对地理概念、区域的自然和人文特征的理解水平

提高学生对地理概念、区域的自然和人文特征的理解水平是地理知识教学的重点。评价不能局限于学生具备了多少地理知识，而应把重点放在

学生的理解水平上。评价学生对地理概念、区域的自然和人文特征的理解水平，常用方式主要有：让学生用自己的语言表达和解释概念；给出概念的肯定例证和否定例证，让学生验证；能把一种表达方法变成另一种表达方法；会进行概念、区域之间的比较；会进行区域的自然和人文特征的分析与综合；会运用地图、图表和简单模型表达区域的自然和人文特征。

对地理图像资料所反映的地理事物的特征，让学生用自己的语言加以描述，考查学生对区域人文特征的理解水平

评价学生对某个国家民俗文化特色的理解水平，可采用这样的方式：提供反映该国民俗文化特色的图片、录像、光盘等，让学生口头说明（或文字说明）图像资料中所反映的相关内容。实现不同表达方式之间的转换，学生需要观察、抽象概括等智力操作。口头表述内容的丰富与否，以及对该国民俗文化特色的抽象概括程度，能较为客观地反映学生的理解程度和水平。

让学生以简略地图、图表、模式图等，反映区域的自然和人文特征，评价学生的理解水平

在学习“认识大洲”时，如果所选择的内容是北美洲的地形特征，可采用让学生阅读北美洲地形图，将课文中对北美洲地形空间格局的文字表述转绘为地理略图或模式图。如学生能画出北美洲地形呈三个南北纵列带的示意图，实现了图文间的转换，便说明学生对这部分学习内容已经理解了。

（四）注重评价学生在地理学习中所形成的情感、态度和价值观

促进学生的心理发展是地理教学的基本目的。学生的情感、态度和价

值观是学生心理发展的基本内容。评价时应关注学生在以下方面的变化与发展：对地理的兴趣和好奇心；体会地理学与现实生活的密切联系和地理学的应用价值；对周围环境和地球上不同自然和人文特征的审美能力以及对社会和自然的责任感；热爱祖国的情感与行为；关心和爱护人类环境的意识和行为。观察是评价情感、态度和价值观的重要方式。要注意观察学生在日常行为和学习活动中的表现，搜集评价信息，为进行有针对性的评价提供依据。

观察学生在讨论活动中的表现，评价学生对环境的态度

展示1989年世界环境日主题宣传画——《地球出汗了》，让学生讨论：这幅漫画有哪些寓意？

学生在讨论中发现漫画反映的环境问题多少与深度，在表述这些环境问题时表现出来的态度、情感和价值观，提供了学生对环境问题关心程度、环境道德意识水平等信息。在此基础上，让学生尝试画一幅与环境问题有关的漫画，并说出寓意。学生表达的想法，是评价学生对环境基本态度的重要依据。

（五）注重评价形式的多样化和针对性

针对学生学习的心理特征、学习形式和学习特点的差异以及各种评价方式的不足，评价应采取多种方式。除了选用书面形式的测验、口头表达、描绘地图、绘制地理图表、读图分析等常见评价形式，也要注意通过观察学生在讨论、实地观测观察、探究等活动中的表现来评价学生的学习。要重视学生的自评和互评。评价结果建议采用评语和等级评价相结合的方式。

下表是对应“内容标准”的评价方式建议。当然，检测每项内容标准的评价方式不是唯一的，在此只是提供一种评价思路，供教师评价时参考。

三、课程资源的开发与利用

充分开发、利用地理课程资源，对于丰富地理课程内容，开展形式多样而有效的地理教学，增添地理教学活力，具有重要的意义。

（一）积极建设学校地理课程资源库

通过调查，掌握学校地理课程资源的情况，并分门别类建立地理课程资源档案，逐步建设地理课程资源库。

学校地理课程资源包括除教材以外教学所需的挂图、模型、标本、实验器材、图书资料、电教器材、教学实践场所等，必备设备和教学用图有：地球仪、等高线地形模型、幻灯机、投影机、主要岩石和矿物标本、东西两半球图、世界政区图、世界地形图、中国政区与交通图、中国地形图、本省（自治区、直辖市）地图、本县（市）地图、世界地理景观图片、中国地理景观图片等。

注意地理课程资源的积累和更新，特别是地理信息资源的积累。可以自己设计制作各种地理教具、学具和教学软件，包括在教师指导下组织学生制作地理模型、电教软件等。不断扩大地理课程资源库的容量，提高地理课程资源库的质量，适应社会发展、科技进步和地理教学自身发展的需要。

（二）充分利用学校地理课程资源

教师要结合学校的实际和学生的学习需求，充分利用学校已有的地理课程资源，以及师生可用于地理教学的经历和体验。

教师应鼓励和指导学生组织兴趣小组，开展野外观察、社会调查等活动；指导学生编辑地理小报、墙报、板报，布置地理橱窗；引导学生利用学校广播站或有线电视网、校园网传播自编的有关节目。

提倡校际地理课程资源的共建和共享。

（三）合理开发校外地理课程资源

校外地理课程资源丰富多样，包括青少年活动中心、地理教育基地、图书馆、科技馆、气象台、天文馆、博物馆、陈列馆、展览馆和主题公园、科研单位、大专院校、政府部门，区域自然环境、人文景观，广播、电视、报刊、网络等等。加强与社会各界的沟通与联系，寻求多种支持，

合理开发利用校外地理课程资源。

组织学生走进大自然，参与社会实践，开展参观、调查、考察、旅行等活动，邀请有关人员演讲、座谈，拓展学生的地理视野，激发学生探究地理问题的兴趣。

四、教材编写建议

地理教材的编写，必须依据地理课程标准，充分体现地理课程改革的理念，为地理教学落实内容标准的要求、实现课程目标提供基本的教学材料。

（一）建立合理的知识结构

教材编写应对课程标准的内容进行合理组合，建立具有内在逻辑关系且便于学生学习的知识结构体系。

世界地理和中国地理的“认识区域”部分，所选择的区域，既要注意其重要性，也要注意区域组合覆盖面。

（二）联系实际和反映时代特征

教材内容的选择与组织应联系生产和生活实际，尤其是学生熟悉的地理事物、地理现象和地理问题，体现“学习生活中有用的地理”和“学习对终身发展有用的地理”的课程改革理念。

教材编写还应注意我国的社会实际和教学实际，充分考虑教材的地区适应性。

教材应反映时代特征，并根据地理科学和教育科学的发展、国家和社会的需要、学生的发展，不断修订。

（三）为教学提供必要的空间

本课程标准强调让学生通过探究活动学习地理。教材编写要有利于教学方法的改革和学生探究活动的开展。课文可以不直接提供结论，而将分析过程及结论的得出留给教学。

教学内容安排应具有层次性和一定的弹性。除了课程标准要求的内容外，教材还可适当安排一定数量的选学、自学和阅读内容，以利于教学的灵活性。

（四）符合学生的身心特点和接受能力

教材的编写应从学生身边的或熟悉的地理事物入手，提倡从提出问题导入，以培养学生的学习兴趣。课文要简明、通俗、生动、亲切。

教材的呈现方式要适合学生学习。应做到课文系统、图像系统和作业系统的有机统一。提倡多用图像，多设计活动。图像的设计要主题鲜明，内容精炼科学，形式生动、美观，便于学生阅读。活动的设计要密切联系学生现实生活的经历和体验，难易程度恰当，富于启发性和趣味性，提高学生参与活动的兴趣和积极性。

（五）重视教材的系列化建设

教材编写还应重视系列化建设。教材的系列化包括教学参考书、教学地图册、填充图册、教学挂图，以及幻灯片、投影片、录像带、计算机软件、光盘等。

参考文献

1. 安正阳等. 土壤污染的生物治理技术进展及其前景展望. 广州环境科学.2003 年 12 月.

2. 沈铁锰等. 石油污染土壤的原位修复技术 环境科学动态.2002 年(3).

3. 陈欢林主编. 环境生物技术与工程. 化学工业出版社.2003 年版.

4. 龚利萍等. 土壤微生物降解石油污染物. 上海环境科学.2001 年第4 期.

5. 黄俊英编著. 油气水处理工艺与化学 石油出版社. 1993 年版.P83 -89

6. Connie Vitello 等. Mississippi Mud Pie. Hazardous Materials Management. June/July 2001.

7. 布鲁纳著. 教育过程. 文化教育出版社. 1982 年版.

8. 刘路一，张士金等著. 边玩边学地理. 世界图书出版公司. 2010 年版.

9. 苏霍姆林斯基著，杜殿坤译. 给教师的建议. 教育科学出版社. 1984 年版.

10. 郑慧琦等. 做有思想的行动者：研究型教师成长的案例研究. 上海教育出版社. 2008 年版.

11. 教育部基础教育司地理课程标准研制组组织编写，陈澄、樊杰主编. 地理课程标准解读. 湖北教育出版社. 2006 年版.

12. 崔允漷主编. 有效教学. 华东师范大学出版社. 2000 版.

13. 刘路一. 身边科学：城市河流生态环境调查. 2009 年 7－8 月刊.

14. 王旭著. 优秀中学地理教师一定要知道的 6 件事. 中国青年出版社. 2008 年版.

15. 常华锋主编. 初中地理新课程教学法. 首都师大出版社. 2004 年版.

16. 关文信，苏士成著. 新课程理念与初中地理课堂教学实施，首都师范大学出版社. 2003 年版.